GUIDE INDISPENSABLE

DU

VOYAGEUR DANS PARIS,

CONTENANT

Les noms de toutes les Rues anciennes et nouvelles, par
quartiers et arrondissemens. — Quais, Ponts, Places,
Boulevards, Passages, Impasses. — Halles et Marchés, etc. — Barrières, Chemins de ronde. — Mairies,
Justices de Paix et Commissaires de police. — Théâtres,
Curiosités, Bals et Concerts. — Tarif des Voitures de
place. — Itinéraire des Voitures-Omnibus. — Chemins
de fer de Paris à Saint-Germain; de Paris à Rouen; de
Paris à Versailles (rive droite et rive gauche); de Paris
à Corbeil; de Paris à Orléans; Heures des départs et Prix
des places. — Bateaux à vapeur. — Administration des
postes, etc.

ORNÉ D'UN PLAN DE PARIS
ET D'UNE CARTE DE SES ENVIRONS.

NOUVELLE ÉDITION,

revue, corrigée et augmentée.

PRIX : 40 CENT.

PARIS,

ANCIENNE MAISON GAUTHIER,

quai de Gèvres, 30.

1845

DÉSIGNATION

DES RUES, QUAIS ET PLACES

QUI ONT CHANGÉ DE NOMS.

Nouveaux noms.	Anciens noms.
Ancienne-Comédie (rue de l'),	rue des Fossés-St-Germain-des-Prés.
Austerlitz (quai d'),	quai de l'Hôpital.
Banque (rue de la),	petite rue de la Vrillière.
Bastille (place de la),	place Saint-Antoine.
Beaumarchais (boulevard),	boulevard Saint-Antoine.
Bibliothèque (rue de la),	rue du Champ-Fleuri.
Chaussée-d'Antin (rue de la),	rue du Mont-Blanc.
Clos-Bruneau (rue du),	rue Judas.
Concorde (place de la),	place Louis XV.
Cuvier (rue),	rue de Seine-Saint-Marcel.
Dauphine (rue),	rue Thionville.
Hôtel-Colbert (rue de l'),	rue des Rats.
Hôtel-de-Ville (rue de l'),	rue de la Mortellerie.
Hôtel-de-Ville (quai de l'),	quai de la Grève.
Jeannisson (rue),	rue des Boucheries-Saint-Honoré.
Laffitte (rue),	rue d'Artois.
Lille (rue de),	rue Bourbon.
Lobau (rue),	rue du Tourniquet-Saint-Jean.
Louis-Philippe (rue),	rue de Lappe.
Marché-Neuf (rue du)	marché Palu.
Mégisserie (quai de la),	quai de la Ferraille.
Musée (rue du),	rue Froidmanteau.
Rameau (place),	place Louvois.
Regnie (rue de la),	rue Trousse-Vache.
Saint-Germain-des-Prés (rue),	rue de la Poste-aux-Chevaux.
Val-Sainte-Catherine (rue du),	rue de l'Égout-Sainte-Catherine.
Vieille du-Temple (rue),	Vieille rue du Temple.

FÊTES DES ENVIRONS DE PARIS.

Effort, le 3e dimanche de juillet. Voitures place de la Bastille.
Antony, le 1er dimanche de mai. Voitures rue d'Enfer.
Arcueil, le dimanche après la Saint-Denis. Voitures rue Saint-Denis.
Argenteuil, le 2 juin. Voitures rue du Faubourg Saint-Denis.
Arpajon, le 14 septembre. Voit. rue du Faubourg Saint-Denis, et Chemin de fer.
Asnières, le 14 septembre. Voit. rue de Rivoli, et Chemin de fer.
Aubervilliers, le lundi de Pâques. Voitures impasse Conti, quai de la Monnaie.
Auteuil, le 15 août et le dimanche suivant. Voitures place du Carrousel.
Bagneux, le 17 octobre. Voitures rue Christine et place Saint-Michel.
Bagnolet, le 1er dimanche de septembre. Voitures rue Saint-Martin, 217.
Beau-Grenelle, les 1er et 8 dimanches après le 24 juin; couronnement d'une Rosière. Voit. rue Dauphine.
Belleville, le dimanche après la Pentecôte. Voitures Orléanaises et Omnibus.
Bercy, le 21 juin. Voitures Omnibus et Citadines.
Bellevue, à Meudon, les 15 et 18 août. Voit. rue des Quatre-Vents, et Chemin de fer.
Bondy, le lundi de Pâques. Voitures rue Saint-Apolline.
Bougival, les 1er et 2e dimanches de juillet. Voit. rue de Rivoli, et Chemin de fer.
Boulogne (bois de), le 1er dimanche de la Pentecôte. Voitures rue d'Enfer.
Charenton (le), le 5e dimanche de juillet. Voitures à la Villette.
Charonne, le 1er dimanche d'août. Voitures place de la Bastille et Omnibus.
Chatillon, le 1er dimanche de mai. Voitures impasse Conti.
Choisy-le-Roi, le 2e dimanche de mai. Voitures place Dauphine.
Clichy, le dimanche après le 25 août (3 jours). Voitures place Dauphine.
Colombes, le 2 juillet. Voitures rue de Rivoli, et Chemin de fer.
Courbevoie, le 1er août. Voitures rue de Rivoli, et Chemin de fer.
Créteil, le 15 juillet. Voitures rue du Faubourg Saint-Denis.
Enghien, le 8 juin. Voitures rue du Faubourg Saint-Denis.
Fontenay-aux-Roses, le dernier dimanche de juillet et le premier dimanche d'août. Voitures rue Dauphine.
Fontenay-sous-Bois, le 1er dimanche d'août. Voitures place de la Bastille.
Gentilly, le dimanche de la Trinité. Voitures quai Napoléon.
Issy, le 1er dimanche de mai. Voitures les Parisiennes omnibus.
La Villette, le dimanche après le 24 juin. Voitures porte Saint-Denis.
Ivry-sur-Seine, le 1er dimanche de mai. Voitures place Dauphine.
Joinville-le-Pont, le dimanche d'août. Voitures rue de Rivoli, et Chemin de fer.
Loges (les), le 2e dim. de septembre (plusieurs journées) rue de l'Arcade, 36.
Longchamps, 3 fois par an, pendant la Semaine sainte. Voit. place Dauphine.
Maisons, le dim. après le 25 août. Voit. rue St-Thomas-du-Louvre, et Chemin de fer.
Meudon, le 2e dim. après le 4 juillet. Voit. place Dauphine, et Chemin de fer.
Montmartre, le 29 juin. Voitures Omnibus et Hirondelles.
Montmorency, le 15 août, la barrière du Maine, le 15 août.
Mont-Rouge, le 3e dimanche de mai. Voit. barrière Saint-Denis.
Montreuil-sous-Bois, le 25 juillet. Voitures rue Christine.
Montrouge, le dernier dim. de mai. Le 6 juin couronn. de la Rosière. Chemin de fer.
Nanterre, le 2e dimanche après le 24 juin. Voitures rue de Rivoli.
Neuilly-sur-Seine, le dimanche après le 24 juin. Voitures rue Saint-Apolline.
Nogent, le jour de la Pentecôte. Voitures rue Saint-Apolline.
Pantin, le 1er dimanche de mai. Voitures place du Carrousel.
Passy, le 1er dimanche de mai. Voitures place du Carrousel.
Pont-Saint-Maur, le dim. après le 10 août. Voitures rue Saint-Maur-Saint-Antoine.
Pré-Saint-Gervais, le dimanche après le 9 juin. Voitures rue Saint-Sulpice.
Petit-Montrouge (le), le 1er et 2e dim. de sept. Voit. rue de Rivoli, et Chemin de fer.
Romainville, le dim. après la Pentecôte. Voitures place de la Bastille.
St-Cloud, 3 fois l'année (8 jours), le 9 octobre (9 jours).
Saint-Denis, le 1er et 2e et 3e dim. de sept. Voit. rue de Rivoli, et Chemin de fer. Voitures rue du Faubourg Saint-Denis.
Saint-Germain, le 4 juillet. Voitures rue de Rivoli, et Chemin de fer.
Saint-Mandé, le 29 juin. Voitures rue de Faubourg Saint-Denis.
Saint-Ouen, le 5 août. Voitures de Faubourg Saint-Denis.
Sannois, le 3 juin. Chemin de fer.

Sarcelles, le 1er et 2e dim. après le 29 juin. Voit. rue du Faubourg Saint-Denis.
Sceaux, le 21 juin. Voitures quai Conti, rue Mazarine.
Sèvres, fin mai, dure 2 dimanches. Voitures rue de Rivoli, et Chemin de fer.
Suresnes, le 15 août. Voitures rue du Faubourg Saint-Denis, et Chemin de fer.
Triel, le 3 octobre. Voitures rue Saint-Denis.
Vaugirard, les 20 et 27 septembre.
Versailles, les 1er mai, 25 août et 19 octobre. Voit. rue de Rivoli, et Chemin de fer.
Villejuif (Arcy), le 10 juin. Voitures rue de Rivoli, et Chemin de fer.
Vincennes (la), les dim., lundi et mardi après le 22 juillet. Voitures Dames Réunies.
Vincennes, le dimanche après le 15 août. Voitures boulevard Beaumarchais.
Viroflay, 4e dimanche d'août. Chemins de fer.
Vitry, le jour de la Pentecôte. Voitures place Dauphine.
Vitry, le lundi de la Pentecôte. Voitures rue des Deux-Écus, 28.

Nota. Les fêtes qui tombent les jours de la semaine sont remises au Dimanche suivant.

MINISTÈRES.

MINISTÈRE DE L'INTÉRIEUR, rue de Grenelle-Saint-Germain, 101.

— Audiences publiques, les jeudis de 2 à 4 heures. — Bureaux de la Comptabilité, pour retirer les lettres d'avis de payement, les lundis et jeudis de midi à 3 heures.

— DU COMMERCE ET DE L'AGRICULTURE, rue de Varennes, 26.

— DES FINANCES, rue de Grenelle-Saint-Germain, 2 à 4 heures.
— Audiences publiques, les lundis et jeudis de 2 à 4 heures. — On entre à la Bibliothèque de Comptabilité les lundis et jeudis de midi à 3 heures.

— La Division de l'Industrie agricole et commerciale est rue de Grenelle-Saint-Germain, 122.

— DE LA GUERRE, rue Saint-Dominique, 82.
— Audiences publiques au Secrétariat-Général, mercredis et vendredis du midi à 3 heures.

— Le Comité et le Dépôt central de l'Artillerie est place Saint-Thomas-d'Aquin, 3.

— Le Comité du Génie est rue Saint-Dominique, 80.

— DE LA MARINE ET DES COLONIES, rue Royale, 2. *Bureaux ouverts les jeudis de* 2 à 4 heures.

— La Direction forestière de la Marine pour le marteleuge des bois propre aux constructions navales est rue de l'Arcade, 36.

— DES FINANCES, rue de Rivoli, 46. Les caisses et bureaux de service sont ouverts au public tous les jours de 9 heures.

— La Commission de Liquidation de l'Indemnité des Colons est rue Montholon, 11.

MINISTÈRE DE LA JUSTICE ET DES CULTES, place Vendôme, 11.
— Audiences, les vendredis de 2 à 4 heures.

— Le Bureau des Légalisations est ouvert tous les jours de midi à 2 heures.

— DE L'INSTRUCTION PUBLIQUE, rue de Grenelle-Saint-Germain, 116. *Bureaux ouverts, les jeudis de* 2 à 4 heures.

— DES TRAVAUX PUBLICS, rue Saint-Dominique-Saint-Germain, 58.
— Bureaux ouverts au public, les mardis et vendredis de 2 à 4 heures.

Bibliothèques, Musées, Cabinets, Manufactures, etc.

Bibliothèque du Roi, rue Richelieu, 58. On y entre tous les jours, après-midi, les dimanches et fêtes exceptés.

— *Sainte-Geneviève*, place de ce nom. Tous les jours, de 10 à 3 heures.
— *de l'Hôtel-de-Ville*, de midi à 4 heures, dimanches et fêtes exceptés.
— *de l'École-de-Médecine*, les jeudis au public, et tous les jours aux élèves, de 11 à 3 heures.

Musée du Louvre. Avec des billets, les quatre premiers jours de la semaine, après le lundi, réservé aux artistes; dimanche, de 10 à 4 heures, au public.

Musée du Luxembourg, à l'extrémité de la grande avenue du Luxembourg. Entrée tous les jours, excepté le samedi. Au public, les dimanches, lundis et fêtes, de 10 à 4 heures.

Observatoire. On y entre tous les jours.

Panthéon, rue Saint-Jacques. On y entre tous les jours.

Invalides, rue de Grenelle, faubourg Saint-Germain. Tous les jours, de 10 heures à 4; pour voir le modèle de fortifications, il faut une permission du Gouverneur.

Musée d'Artillerie, place Saint-Thomas-d'Aquin. On doit se procurer des billets.

Église de la Madeleine. Ouverte tous les jours.

Chapelle Expiatoire, rue d'Anjou Saint-Honoré. On peut y entrer tous les jours de 11 à 4 heures, en faisant la demande au Concierge.

Ménagerie du Jardin-du-Roi. Tous les jours, de 11 à 4 heures.

Cabinet d'Histoire Naturelle, nouvellement reconstruit, au milieu de laquelle est placée la belle statue de Cuvier, par David, est ouverte le mardi et jeudi, de 11 à 3 heures. Cette galerie contient exposés 150,000 échantillons de géologie et 50 à 60,000 de minéralogie. C'est la plus riche collection qui soit au monde.

Conservatoire des Arts et Métiers, rue Saint-Martin. Les jours à midi, jeudis et dimanches, avec leurs passeports, tous les jours à midi.

Cabinet des Médailles, quai Conti. Ce Musée est ouvert au public les mardis et dimanches, de 10 à 3 heures. Pour les étrangers, avec leurs passeports ou billets, les lundis et jeudis, de midi à 3 heures.

Manufacture des Gobelins et de la Savonnerie, rue Mouffetard, 270. Les mercredis et samedis, de 2 à 4 heures.

Manufacture des Glaces, rue Saint-Denis, 313. Les samedis, de 2 heures de la le midi.

Manufacture de Porcelaine de Sèvres. Tous les jours, les dimanches exceptés.

École des Beaux-Arts, rue des Petits Augustins. On ne peut visiter l'École qu'avec l'autorisation du Ministre de l'Intérieur, mais on est admis dans le Palais les mardis, jeudis, samedis et dimanches, au seul aspect du Concierge.

École de Médecine, rue d'Enfer, 34. Le public y est admis tous les jeudis et dimanches de midi à 3 heures. Le Cabinet d'Anatomie est ouvert les jeudis, de 11 à 3 heures.

MONT-DE-PIÉTÉ.

ÉTABLISSEMENT PRINCIPAL, rues des Blancs-Manteaux et de Paradis, au Marais.
SUCCURSALE: rue des Petits-Augustins, 30, et rue de la Montagne Sainte-Geneviève.

COMMISSIONNAIRES.

PLAN DES ENVIRONS DE PARIS.

PLAN DE PARIS.

NOUVEAU
TABLEAU GÉNÉRAL
DES
RUES DE PARIS.

A.

Rues	Arr.	Commence	Finit	Qrs
Abattoir (de l')	5	faubourg S.-Denis	faubourg Poissonnière	9
Abbaye (de l')	10	rue de l'Echaudé	r. S.-Germ.-des-Prés	37
Accacias (des)	10	rue Plumet	rue de Sèvres	39
Aguesseau (d')	1	r. du faub. S.-Honoré	rue de Surêne	1
Aiguillerie (de l')	4	rue Saint-Denis	place Ste-Opportune	15
Albert	5	quai Jemmapes	rue Bichat	18
Albouy	5	rue des Marais	rue des Vinaigriers	18
Alexandre (Saint-)	6	enclos de la Trinité	rue Grenetat	21
Alger (d')	1	rue de Rivoli	rue Saint-Honoré	4
Aligre (d')	8	rue de Charenton	marché S.-Antoine	52
Amandiers (des)	12	mont. Ste-Geneviève	rue des Sept-Voies	45
Amandiers (des)	8	rue Popincourt	barr. des Amandiers	50
Amboise (d')	2	rue Richelieu	rue Favart	7
Ambroise (Saint-)	8	rue Popincourt	rue Saint-Maur	50
Ambroise-Paré	5	hôpital S.-Louis	barr. de la Chopinette	18
Amélie	10	rue S.-Dominique	rue de Grenelle	39
Amelot	8	place de la Bastille	rue Saint-Sébastien	51
Amsterdam (d')	1	rue Saint-Lazare	rue Neuve-de-Clichy	1
Anastase (Saint-)	8	rue Saint-Louis	rue Thorigny	29
André (Saint-)	8	rue Folie-Regnault	barrière d'Aunay	50
André-des-Arts (S.-)	11	pl. du pont S.-Michel	rue de Bussy	42
Angivillers (d')	4	rue des Poulies	rue de l'Oratoire	13
Anglade (de l')	2	rue Traversière	rue l'Evêque	6
Anglais (des)	12	rue Galande	rue des Noyers	45
Anglaises (des)	12	rue de Lourcine	rue du Petit-Champ	46
Angoulême (d')	1	avenue de Neuilly	r. du Faub. du Roule	2
Angoulême (d')	6	boulevard du Temple	rue Folie-Méricourt	24
Anjou (d')	1	r. du faub. S.-Honoré	rue de la Pépinière	1
Anjou au Marais (d')	7	rue d'Orléans	r. du Grand-Chantier	26
Anjou (d')	10	rue Dauphine	rue de Nevers	37
Anne (Sainte-)	11	c. de la Ste-Chapelle	quai des Orfèvres	44

1

Rues	Arr.	Commence	Finit	Q^rs
Barres (des)	9	quai de l'Hôtel de Ville	place Baudoyer	54
Barrés (des)	9	rue Saint-Paul	rue du Fauconnier	56
Barr. des Gobel. (de la)	12	boulevard de l'Hôpital	barrière d'Ivry	46
Barthélemi	10	c. de Ronde b. de Sèvr.	avenue de Breteuil	59
Basfroid	8	rue de Charonne	rue de la Roquette	50
Basse du Rempart	1	église de la Madeleine	r. de la Chaus.-d'Antin	3
Basse des Ursins	9	rue des Chantres	rue Glatigny	55
Basse Saint-Pierre	1	quai Billy	rue de la Pompe	2
Bassins (des)	1	rue Newton	rue de Chaillot	4
Batailles (des)	1	rue de Longchamps	ruelle Sainte-Marie	2
Battoir (du) S.-And.	11	rue Hautefeuille	rue de l'Eperon	42
Battoir (du) S.-Vict.	12	rue Copeau	pl. du Puits de l'Erm.	47
Baville (de)	11	cour de Harlay	cour Lamoignon	44
Bayard	1	allée des Veuves	place François Ier	2
Bayard, Invalides	10	rue Kléber	rue Duguesclin	59
Beaubourg	7	rue Simon-le-Franc	rue Michel-le-Comte	25
Beauce (de)	7	rue d'Anjou	rue de Bretagne	26
Beaujolais	1	rue de Chartres	rue de Valois	4
Beaujolais	2	rue de Valois	rue Montpensier	6
Beaujolais (Marais)	6	rue de Bretagne	rue du Forez	24
Beaune (de)	10	quai Voltaire	rue de l'Université	40
Beauregard	5	rue Poissonnière	rue de Cléry	19
Beauregard (ruelle)	2	rue des Martyrs	c. de rond. b. des Mart.	6
Beaurepaire	5	rue des Deux-Portes	rue Montorgueil	20
Beautreillis	9	rue Neuve-Saint-Paul	rue Saint-Antoine	36
Beauveau	8	rue de Charenton	marché Beauveau	32
Beaux-Arts (des)	10	rue de Seine	r. des Pet.-Augustins	37
Bellechasse	10	quai d'Orsay	rue de Grenelle	40
Bellefonds	2	r. du Faub. Poissonn.	rue Rochechouart	8
Belliart	10	avenue de Breteuil	barrière de Sèvres	59
Bellièvre	12	quai de la Gare	rue Bruant	47
Benoît S.-Germ. (S.-)	10	rue Jacob	rue Taranne	37
Benoît (du cloître S.-)	11	r. des Mathur. S.-Jacq	passage Saint-Benoît	43
Benoît S.-Martin (S.-)	6	rue Royale	rue Saint-Vannes	22
Bercy S.-Ant. (de)	8	rue de la Contrescarpe	barrière de Bercy	31
Bercy (de)	7	rue Vieille-du-Temple	anc. marché S.-Jean	27
Bergère	2	r. du Faub. Poissonn.	r. du Faub. Montm.	8
Berlin (de)	1	place de l'Europe	rue de Clichy	1
Bernard (Saint-)	8	r. du Faub. S.-Antoine	rue de Charonne	31
Bernardins (des)	12	quai de la Tournelle	rue Saint-Victor	47
Berry (de)	7	rue de Poitou	rue de Bretagne	26
Bertin-Poirée	4	r. S. Germ.-l'Auxerr.	rue des Bourdonnais	14
Béthizy	4	rue des Bourdonnais	rue du Roule	14
Beurrière	11	rue du Four S.-Germ.	r. du Vieux-Colombier	41
Bibliothèque (de la)	4	place de l'Oratoire	rue Saint-Honoré	13
Bichat	5	r. du Faub. du Temple	hôpital Saint-Louis	18

Rues	Arr.	Commence	Finit	Q^{rs}
Bienfaisance (de la)	1	rue du Rocher	dans les champs	1
Bièvre (de)	12	r. des Grands-Degrés	rue Saint-Victor	45
Billettes (des)	7	rue de la Verrerie	r. Ste-Cr.-de-la-Bret.	27
Biron	12	rue de la Santé	r. du Faub. S.-Jacques	48
Bizet	2	quai de Billy	rue de Chaillot	2
Blanche	1	rue Saint-Lazare	barrière Blanche	2
Blanchisseuses (des)	1	quai de Billy	rue de Chaillot	2
Blancs-Manteaux (des)	7	rue Vieille-du-Temple	rue Sainte-Avoye	26
Bleue	2	r. du Faub. Poissonn.	rue Cadet	3
Bochart de Saron	2	avenue de Trudaine	boulev. Montmartre	7
Bon (Saint-)	7	rue Jean-Pain-Mollet	rue de la Verrerie	28
Bondy (de)	5	r. du Faub. du Temple	porte Saint-Martin	18
Bon-Puits (du)	12	rue Saint-Victor	rue Traversine	47
Bons-Enfans (des)	2, 4	rue Saint-Honoré	rue Baillif	6
Bons-Hommes (des)	1	quai de Billy	barrière Francklin	2
Boquet de Chantilly	12			
Borda	6	rue de la Croix	rue Montgolfier	22
Borne (de)	9	place de la Bastille	place de l'Arsenal	36
Bossuet	9	pont de la Cité	rue Chanoinesse	35
Boucher	4	rue de la Monnaie	rue Thibault-aux-Dez	14
Boucherat	6	r. des Filles-du-Calv.	rue Charlot	24
Boucherie (de la)	10	quai d'Orsay	rue Saint-Dominique	39
Boucheries (des) 10,	11	r. de l'Anc.-Comédie	rue Ste-Marguerite	41
Boudreau	1	rue Trudon	rue Caumartin	3
Boulangers (des)	12	rue Saint-Victor	r. des Foss.-S.-Victor	47
Boule-Blanche (de la)	8	rue de Charenton	r. du Faub. S.-Antoin.	31
Boule-Rouge (de la)	2	r. du Faub. Montmart.	rue Richer	8
Boulets (des)	8	rue de Montreuil	rue de Charonne	31
Bouloi (du)	4	r. C.-des-Pct.-Champs	rue Coquillère	16
Bouquet-L.-Ch. (du)	1	rue de Longchamps	aux champs	2
Bourbon-le-Château	10	rue de Bussy	rue de l'Echaudé	37
Bourbon-Villeneuve	5	r. du Petit-Carreau	rue Saint-Denis	19
Bourdaloue	2	rue Olivier	rue Saint-Lazare	8
Bourdonnaie (la)	10	avenue Lowendal	avenue de Tourville	39
Bourdonnais (des)	4	rue Béthizy	rue Saint-Honoré	13
Bourg-l'Abbé	6	rue aux Ours	rue Grenetat	21
Bourgogne (de)	10	quai d'Orsay	rue de Varennes	39
Bourguignons (des)	12	rue de Lourcine	champ des Capucins	48
Boursault	2	rue Blanche	r. de la Rochefoucault	5
Bourse (de la)	2	place de la Bourse	rue Richelieu	6
Bourtibourg	7	anc. marché S.-Jean	r. Ste-C.-de-la-Bret.	27
Boutebrie	11	r. de la Parcheminerie	rue du Foin	45
Boyauterie (de la)	5	r. du Faub. S. Martin	barrière du Combat	18
Braque (de)	7	rue du Chaume	rue Sainte-Avoye	25
Breda	1,2	rue des Martyrs	rue Blanche	6
Bretagne (de)	6, 7	rue de Beauce	r. Vieille-du-Temple	26

Rues	Arr.	Commence	Finit	Qrs
Breteuil (de)	6	rue Royale	marché S.-Martin	22
Bretonvilliers	9	quai de Béthune	rue S.-Louis-en-l'Ile	55
Brisemiche	7	r. du Cloître S.-Merri	rue Neuve-S.-Merri	25
Brodeurs (des)	10	rue de Babylone	rue de Sèvres	58
Bruant	12	r. des Deux-Moulins	rue Bellièvre	47
Bruxelles	2	rue Projetée		5
Bûcherie (de la)	9, 12	rue du Haut-Pavé	rue du Petit-Pont	55
Buffault	2	r. du Faub. Montmart.	rue Coquenard	8
Buffon (de)	12	boulev. de l'Hôpital	rue du Jardin-du-Roi	47
Buisson (du) S.-Louis	5	rue Saint-Maur	barr. de la Chopinette	18
Bussy (de)	10	rue Mazarine	rue Ste-Marguerite	57
Buttes (des)	8	rue de Reuilly	rue Picpus	52
Butte-Chaumont	5	r. du Faub. S.-Martin	barrière du Combat	17

C.

Cadet	2	r. du Faub. Montmart.	rue Bleue	8
Cadran (du)	3	rue du Petit-Carreau	rue Montmartre	10
Caffarrelli	6	rue de la Corderie	enclos du Temple	24
Caire (du)	5	rue Saint-Denis	place du Caire	19
Calandre (de la)	9	rue de la Cité	rue de la Barillerie	55
Campagne 1re	11	boul. Mont-Parnasse	boulevard d'Enfer	41
Canal-S.-Martin (du)	5	r. du Faub. S.-Martin	quai Valmy	18
Canettes (des)	11	rue du Four	place Saint-Sulpice	41
Canettes (des Trois-)	9	rue de la Licorne	parvis Notre-Dame	55
Canivet (du)	11	rue Servandoni	rue Férou	41
Capucines (des)	2	r. de la Boule-Rouge	r. du Faub. Poissonn.	8
Capucins (des)	12	champ des Capucins	r. du Faub. S.-Jacq.	48
Cardinale	10	rue Furstemberg	rue de l'Abbaye	57
Cardinal-Lemoine (du)	12	quai de la Tournelle	rue Saint-Victor	47
Carême-Prenant	5	r. de l'Hôpit. S.-Louis	r du Faub. du Temple	18
Cargaisons (des)	9	Marché-Neuf	rue de la Calandre	55
Carmes (des)	12	rue des Noyers	r. du Mont-S.-Hilaire	45
Caron	8	marché Ste-Catherine	rue Jarente	29
Carpentier	11	rue Cassette	rue du Gindre	41
Carrières (des)	1	dans les champs	carrefour des Batailles	1
Carrousel (du)	1	rue du Musée	place du Carrousel	4
Casimir-Périer	10	place Belle-Chasse	rue de Grenelle S.-G.	40
Cassette	11	r. du Vieux-Colombier	rue de Vaugirard	41
Cassini	12	r. du Faub. S.-Jacq.	imp. de l'Observat.	48
Castellane	1	rue Tronchet	rue de l'Arcade	5
Castex	9	rue de la Cerisaie	rue Saint-Antoine	56
Castiglione (de)	1	rue de Rivoli	rue Saint-Honoré	4
Catherine (Ste-) S.-G.	11	rue Saint-Thomas	rue S.-Dominique	41
Catherine (Sainte-)	8	rue Saint-Antoine	rue du Val-Ste-Cather.	29

U

Rues	Arr.	Commence	Finit	Qrs
Caumartin	1	boul. de la Madeleine	r. N.-des-Mathurins	3
Cendrier (du)	12	r. du Marc.-aux-Chev.	r. des Foss.-S.-Marcel	46
Censier	12	rue du Jardin-du-Roi	rue Mouffetard	46
Cerisaie (de la)	9	cour des Salpêtres	rue du Petit-Musc	36
Chabannais	2	r. N.-des-Pet.-Champs	rue Sainte-Anne	7
Chabrol	3, 5	rue Lafayette	r. du Faub. S.-Denis	9
Chaillot (de)	1	rue de Longchamps	avenue de Neuilly	2
Chaise (de la)	10	rue de Grenelle S.-G.	rue de Sèvres	58
Chamon	11	r. N.-D.-des-Champs	boul. Mont-Parnasse	41
Champ-de-l'Alouette	12	rue de Lourcine	rue Croulebarbe	46
Cham.Cordelier (du)	12	rue Pascal	rue Julienne	46
Champs (des)	1	rue de Longchamps	rue de Lubeck	2
Champs-Elysées (des)	1	place de la Concorde	r. du Faub. S.-Honoré	3
Champ-des-Capucins	12	rue de la Santé	rue des Capucins	48
Chanoinesse	9	rue Bossuet	rue de la Colombe	35
Chantiers (des)	12	r. des Foss.-S.-Bern.	rue de Pontoise	46
Chantre (du)	4	place du Chantre	rue Saint-Honoré	13
Chantres (des)	9	rue Basse-des-Ursins	rue Chanoinesse	35
Chanverrie (de la)	4	rue Saint-Denis	rue Montdétour	15
Chapelle (de la)	5	rue Château-Landon	barrière des Vertus	17
Chapon	6, 7	rue du Temple	rue Transnonain	25
Chaptal	2	rue N.-D.-de-Lorette	rue Blanche	5
Charbonniers (des)	8	rue de Charenton	rue de Bercy	32
Charbonniers (des)	12	rue de l'Arbalète	rue des Bourguignons	48
Charenton (de)	8	place de la Bastille	barrière de Charenton	32
Charité (de la)	5	rue Saint-Laurent	place de la Fidélité	17
Charlemagne	9	rue Saint-Paul	r. des Nonaindières	35
Charlot	6	rue de Bretagne	boulevard du Temple	24
Charonne (de)	8	r. du Faub. S.-Antoine	barrière de Fontarabie	31
Charretière	12	r. du Mont-S.-Hilaire	rue de Reims	45
Charte (de la)	1	avenue de Neuilly	r. du Faub. du Roule	1
Chartres (de)	1	place du Carrousel	place du Palais-Royal	4
Chartres (de)	1	rue de Monceaux	barrière de Courcelles	2
Château-Landon	5	r. du Faub. S.-Martin	barrière des Vertus	17
Châtillon	5	r. S.-Maur-Popincourt	barr. de la Chopinette	18
Chauchat	2	rue de Provence	rue de la Victoire	5
Chaudron (du)	5	r. du Faub. S.-Martin	rue Château-Landon	17
Chaume (du)	7	r. des Blancs-Manteaux	rue des V.-Audriettes	24
Chaumière (de la Gr.)	11	N.-D.-des-Champs	boul. Mont-Parnasse	41
Chaussée-d'Antin	2	boulev. des Capucines	rue Saint-Lazare	5
Chaussée des Minimes	8	place Royale	rue Neuve-S.-Gilles	29
Chauveau-Lagarde	1	rue de la Madeleine	rue Tronchet	1
Chemins (des Quatre)	8	rue de Reuilly	barrière Charenton	32
Chem. de la Chopinette	5	rue Saint-Maur	barr. de la Chopinette	18
Chemin de la Chapelle	5	r. du Faub. S.-Martin	près la barr. S.-Denis	17
Chemin de Lagny	8	rue des Ormeaux	r. du Faub. S.-Antoine	31

Rues	Arr.	Commence	Finit	Qrs
Chemin de Pantin	5	r. du Faub. S.-Martin	barrière de Pantin	18
Chemin de Versailles	1	avenue de Neuilly	barrière des Bassins	2
Chemin-Vert (du)	8	boulev. Beaumarchais	rue Popincourt	50
Chemin du Rempart	1	pl. de l'ég. de la Madel.	rue de Surène	3
Chemin de la Voirie	5	r. des Foss. S.-Martin	rue Château-Landon	17
Cherche-Midi (du)	10, 11	pl. de la Croix-Rouge	rue de Vaugirard	40
Chevalier-du-Guet	4	r. de la Vlle-Harengerie	rue des Lavandières	14
Chevet-S.-Landry (du)	9	rue Basse-des-Ursins	rue des Marmouzets	35
Chevreuse (de)	11	r. N.-D.-des-Champs	boul. Mont-Parnasse	41
Chevert	10	av. Lamothe-Piquet	avenue de Tourville	39
Chevet-de-l'Eglise	3	r. du Faub. Poissonn.	barrière de ce nom	9
Childebert	10	rue d'Erfurth	rue Sainte-Marthe	37
Chilpéric	4	rue de l'Arbre-Sec	pl. S. Germ.-l'Auxer.	14
Choiseul	2	r. Neuve-S.-Augustin	boulev. des Italiens	7
Cholets (des)	12	rue de Reims	r. S.-Etienne-des-Grés	43
Chopinette (de la)	5	hôpital Saint-Louis	barr. de la Chopinette	18
Christine	11	r. des Gr.-Augustins	rue Dauphine	42
Christophe (Saint-)	9	pl. du Parvis-N.-D.	rue de la Cité	35
Cimetière-S.-André	11	r. S.-André-des-Arts	rue de l'Eperon	42
Cimetière-S.-Benoît	12	rue Saint-Jacques	rue Fromentel	43
Cimet.-S.-Nicolas	6, 7	rue Transnonain	rue Saint-Martin	23
Ciseaux (des)	10	rue Ste-Marguerite	rue du Four	37
Cité (de la)	9	pont Notre-Dame	Petit-Pont	35
Claude (Saint-)	5	rue de Cléry	rue Sainte-Foy	19
Claude (Saint-)	8	boulev. Beaumarchais	rue Saint-Louis	29
Claude-Villefosse	5	r. Grange-aux-Belles	r. de l'Hôpit.-S.-Louis	18
Chef (de la)	12	rue d'Orléans	rue Copeau	47
Clément	11	rue de Seine	rue Mabillon	44
Cléry (de)	5, 5	rue Montmartre	boul. Bonne-Nouvelle	19
Clichy (de)	1, 2	rue Saint-Lazare	barrière de Clichy	1
Cloche-Perche	7	rue Saint-Antoine	rue du Roi-de-Sicile	27
Cloître-N.-Dame (du)	9	rue Chanoinesse	rue d'Arcole	35
Cloître-S.-Merri (du)	7	rue de la Verrerie	rue Saint-Martin	25
Cloît.-S.-Benoît (du)	12	r. des Math.-S-Jacques	passage Saint-Benoît	45
Cloît.-S.-Jacques (du)	5	r. Grande-Truanderie	rue Mauconseil	20
Clopin	12	r. des Foss.-S.-Victor	rue d'Arras	47
Clos-Bruneau (du)	12	Mont.-Ste-Geneviève	rue des Carmes	45
Clos-Georgeot (du)	2	rue Traversière	rue Sainte-Anne	6
Clotilde	12	rue de Clovis	r. de la Vlle-Estrapade	45
Clovis (de)	12	r. des Foss.-S.-Victor	place Saint-Etienne	45
Cluny (de)	12	place Sorbonne	rue des Grés	43
Cocatrix	9	rue d'Arcole	r. des Trois-Canettes	35
Cœur-Volant (du)	11	rue des Boucheries	rue des Quatre-Vents	42
Cœur-Volant (du)	1	rue de Lubeck	carrefour des Batailles	2
Colber	2, 3	rue Vivienne	rue Richelieu	7
Colombe (de la)	9	rue Basse-des-Ursins	rue des Marmouzets	35

Rues	*Arr.*	*Commence*	*Finit*	Q^{rs}
Colonnes (des)	2	r. des Filles S.-Thomas	rue de la Bourse	7
Colysée (du)	1	avenue de Neuilly	r. du Faub. S.-Honoré	2
Comédie (de l'anc.)	10, 11	carrefour Bussy	rue des Boucheries	57
Comète (de la)	10	rue de Grenelle S.-G.	rue S.-Dominique	59
Commerce (du)	6	rue Grenetat	enclos de la Trinité	24
Commerce (du)	5	r. du Faub. S.-Martin	r. du Faub. S.-Denis	17
Condé (de)	11	carrefour de l'Odéon	rue de Vaugirard	41
Constantine (de)	9	rue d'Arcole	r. du Pal.-de-Justice	55
Constantinople (de)	1	rue de Valois	boulev. Malesherbes	1
Conté	6	anc. Marché S.-Martin	rue Vaucanson	22
Contrat-Social (du)	3	rue de la Tonnellerie	rue des Prouvaires	11
Contrescarpe	11	rue S.-André-des-Arts	rue Dauphine	42
Contrescarpe	12	r. des Foss.-S.-Victor	r. de la V^{lle}-Estrapade	47
Contrescarpe (de la)	8, 9	place Mazas.	place de la Bastille	30
Copeau	12	rue Saint-Victor	rue Mouffetard	47
Coq-S.-Honoré (du)	4	place de l'Oratoire	rue Saint-Honoré	15
Coq-Saint-Jean (du)	7	rue de la Tixeranderie	rue de la Verrerie	28
Coq-Héron	3	rue Coquillière	rue Pagevin	12
Coquenard	2	r. du Faub. Montmartre	rue Rochechouart	8
Coquillière	3, 4	r. J.-J.-Rousseau	r. Cr.-des-P.-Champs	12
Coquilles (des)	7	rue de la Tixeranderie	rue de la Verrerie	28
Corbeau	5	rue Bichat	rue Saint-Maur	18
Cordelières (des)	12	rue Saint-Hyppolyte	r. du Ch.-de-l'Alouette	48
Corderie (de la)	6, 7	rue de Beauce	rue du Temple	26
Corderie (de la)	2	marché S.-Honoré	rue Neuve-S.-Roch	5
Corderie (de la pet.)	6	rotonde du Temple	rue Dupuis	24
Cordiers (des)	11	rue Saint-Jacques	rue de Cluny	43
Cordonnerie (de la)	4	Marché aux Poirées	rue de la Tonnellerie	15
Corneille	11	place de l'Odéon	rue de Vaugirard	42
Cornes (des)	12	rue du Banquier	r. du Faub. S.-Marcel	46
Corroyerie (de la)	7	rue Beaubourg	rue Saint-Martin	25
Cossonnerie (de la)	4	rue Saint-Denis	pl. du carr. de la Halle	15
Cote (de)	8	rue Trouvée	r. du Faub. S.-Antoine	32
Courcelles (de)	1	rue de la Pépinière	rue de Monceaux	1
Courtalon	4	rue Saint-Denis	place Ste-Opportune	15
Courty (de)	10	rue de Lille	rue de l'Université	40
Coutellerie (de la)	7	rue Jean-de-l'Epine	rue de la Vannerie	28
Coutures-S.-Gervais	8	rue de Thorigny	r. Vieille-du-Temple	29
Crébillon	11	rue de Condé	place de l'Odéon	42
Cretet	5	rue Beauregard	rue Bochart de Saron	19
Croissant (du)	3	rue du Gros-Chenet	rue Montmartre	10
Croix (Sainte-)	1	rue Saint-Nicolas	rue Saint-Lazare	3
Croix (Sainte-)	9	rue Gervais-Laurent	r. de la V^{lle}-Draperie	35
Croix (de la)	6	rue Phélippeaux	rue du Vert-Bois	22
Croix-Blanche (de la)	7	rue Vieille-du-Temple	rue Bourtibourg	27
Croix-Boissière	1	rue de Lubeck	dans les champs	2

Rues	Arr.	Commence	Finit	Qrs
Cr. de la Breton. (Ste-)	7	rue Vieille-du-Temple	rue Sainte-Avoye	26
C.-des-Petits-Champs	4	rue Saint-Honoré	place des Victoires	16
C.-des-Petits-Champs	12	rue de la Glacière	r. du Ch.-de-l'Alouette	46
Cr.-du-Roule (Ste-)	1	r. du Faub. du Roule	rue de Chartres	1
Croullebarbe	12	rue Mouffetard	boulev. des Gobelins	46
Crussol (de)	6	r. des Foss.-du-Temple	rue Folie-Méricourt	24
Culture-Ste-Cather.	7, 8	place Birague	rue du Parc-Royal	29
Cuvier	12	quai Saint-Bernard	rue du Jardin-du-Roi	47
Cygne (du)	5	rue Saint-Denis	rue Mondétour	20

D.

Rues	Arr.	Commence	Finit	Qrs
Dalayrac	2, 3	rue Méhul	rue Monsigny	7
Dames de la Visitation	10	passage Ste-Marie	r. de Grenelle-S.-G.	40
Damiette	5	r. Bourbon-Villeneuve	cour des Miracles	17
Dauphin (du)	1	rue de Rivoli	rue Saint-Honoré	4
Dauphine	10, 11	Pont-Neuf	carrefour Bussy	42
Déchargeurs (des)	4	r. des Mauv.-Paroles	rue de la Ferronnerie	13
Delessert	6	rue des Morts	près le canal	24
Delorme	9	place de l'Arsenal	rue Saint-Antoine	36
Delta (du)	2, 3	r. du Faub.-Poissonn.	rue Rochechouart	8
Delta-Lafayette (du)	2, 3	rue des Magasins	rue Lafayette	8
Degrés (des)	5	rue Beauregard	rue de Cléry	19
Demi-Saint (du)	4	rue Chilpéric	r. des F.-S.-Germ.-l'A.	14
Denis (Saint-)	4, 5, 6, 7	r. S.-Jacq.-la-Boucher.	porte Saint-Denis	21
Denis (Saint-)	8	r. du Faub. S.-Antoine	rue de Montreuil	31
Denis (du Faub. S.-)	3, 5	porte Saint-Denis	barrière S.-Denis	17
Dervillé	12	r. du Ch.-de-l'Alouette	rue des Anglaises	46
Desaix	10	rue Kléber	barrière de Grenelle	39
Descartes	12	Mont. Ste-Geneviève	rue de Fourcy	47
Désert (du)	2	r. de la Rochefoucault	petite rue du Désert	5
Desèze	1	boulev. de la Madeleine	place de la Madeleine	3
D'Estrées	10	place Fontenoy	avenue de Villars	39
D'Estrées	10	rue Neuve-Babylone	près le boulevard	39
Deux-Boules (des)	4	rue des Lavandières	rue Bertin-Poirée	13
Deux-Ecus (des)	3	rue des Prouvaires	r. Grenelle-S.-Honoré	11
Deux-Eglises (des)	12	r. du Faub. S.-Jacques	rue d'Enfer	48
Deux-Ermites (des)	9	rue Cocatrix	rue des Marmouzets	33
Deux-Moulins (des)	12	boulev. de l'Hôpital	barrière d'Ivry	44
Deux-Ponts (des)	9	pont Marie	pont de la Tournelle	33
Deux-Portes (des)	5	rue du Petit-Lion	rue Thévenot	20
Deux-Portes (des)	7	rue de la Verrerie	r. de la Tixeranderie	27
Deux-Portes (des)	11	rue de la Harpe	rue Hautefeuille	42
Diamants (des Cinq-)	6	rue des Lombards	rue de la Regnie	23
Diorama (du)	5	rue Samson	rue des Marais du T.	18

Rues	Arr.	Commence	Finit	Qrs
Dominique(Saint-)	11,12	r. du Faub. S.-Jacques	rue d'Enfer	48
Dominique (Saint-)	10	rue des S.-Pères	aven. Labourdonnaie	40
Douze-Portes (des)	8	r. Neuve-S.-Pierre	rue S.-Louis (Marais)	29
Doyenné (du)	4	vieux Louvre	place du Carrousel	14
Dragon (du)	10	rue Taranne	rue de Grenelle	37
Duclos	2	r. de la Rochefoucault	rue Blanche	5
Dugommier	6	r. Perrée du Temple	rue de la Corderie	24
Duguay-Trouin	11	rue de Fleurus	rue de l'Ouest	41
Duguesclin	2	rue Bayard	rue Dupleix	5
Duphot	1	rue Saint-Honoré	boul. de la Madeleine	5
Dupleix	10	rue Kléber	place Dupleix	39
Dupont	1	rue Basse-S.-Pierre	grande r. de Chaillot	2
Dupuis	6	enclos du Temple	rue de Vendôme	24
Duras	1	r. du Faub. S.-Honoré	rue du Marché	1
Du Val Ste-Catherine	8	rue Saint-Antoine	r. N.-Ste-Catherine	29

E.

Echarpe (de l')	8	r. du Val Ste-Catherine	place Royale	29
Echaudé (de l')	7	rue Vieille-du-Temple	rue de Poitou	26
Echaudé S.-G. (de l')	10	rue de Seine	rue Ste-Marguerite	37
Echelle (de l')	1	rue de Rivoli	rue Saint-Honoré	4
Echiquier (de l')	3	r. du Faub. S.-Denis	r. du Faub. Poissonn.	9
Ecluses-S.-Mart. (des)	5	r de l'Hôp.-S.-Louis	r. du Faub. S.-Martin	18
Ecole-de-Médecine	11	rue de la Harpe	carrefour de l'Odéon	42
Ecosse (d')	12	r. du Mont-S.-Hilaire	rue du Four	45
Ecouffes (des)	7	rue du Roi-de-Sicile	rue des Rosiers	27
Ecrivains (des)	6	rue des Arcis	r. de la Vlle-Monnaie	25
Eglise (Neuve-de-l')	10	b. de Lamothe-Piquet	r. Saint-Dominique	38
Eglise de Lorette (de l')	3	rue Saint-Lazare	rue Olivier	10
Egoût (de l')	10	rue Ste-Marguerite	rue du Four	37
Elisabeth (Sainte-)	6	rue des Fontaines	r. Neuv-S.-Laurent	22
Eloi (Saint-)	9	rue de la Calandre	r. de la Vlle-Draperie	35
Enfans-Rouges (des)	7	rue Pastourelle	rue Molay	26
Enfer (d'), en la cité	9	quai Napoléon	r. du Chev. S.-Landry	35
Enfer S.-Jacq. (d')	11,12	place S.-Michel	barrière d'Enfer	48
Enghien (d')	3	rue du Faub. S-Denis	r. du Faub. Poissonn.	9
Epée-de-Bois (de l')	12	rue Gracieuse	rue Mouffetard	46
Eperon (de l')	11	r. S.-André-des-Arts	rue du Jardinet	42
Erfurth (d')	10	rue Childebert	rue Ste-Marguerite	37
Essai (de l')	12	rue Poliveau	marché aux Chevaux	46
Est (de l')	11,12	rue d'Enfer	boul. Mont-Parnasse	46
Etienne	4	rue Boucher	rue Béthisy	14
Etienne-des-Grés (S.)	12	place S.-Etienne	rue Saint-Jacques	45
Etoile (de l')	9	quai des Ormes	rue des Barrés	36

Rues	Arr.	Commence	Finit	Qrs
Étroites-Ruelles (des)	12	boulev. de l'Hôpital	barr. des 2 Moulins	47
Evêque (l')	2	ruc de l'Anglade	rue des Orties	6

F.

Rues	Arr.	Commence	Finit	Qrs
Fauconnier (du)	9	rue des Barrés	r. des Prêtres-S.-Paul	36
Favart	2	rue de Grétry	boulev des Italiens	7
Félibien	11	rue Clément	rue Lobineau	44
Femme-sans-tête (la)	9	quai Bourbon	rue de l'Ile-S.-Louis	33
Fer-à-Moulin (du)	12	r. du Jardin-du-Roi	rue Mouffetard	46
Ferdinand	6	r. des Trois-Couronnes	rue de Lorillon	24
Ferdinand-Berthoud	6	rue Montgolfier	rue Vaucanson	22
Ferme-des-Mat. (de la)	1	r. Ne-des-Mathurins	rue Saint-Nicolas	3
Ferme (de la)	1	r. Basse-du-Rempart	ruelle de Trenck	3
Féronnerie (de la)	4	rue Saint-Denis	rue de la Lingerie	15
Férou	11	place Saint-Sulpice	rue de Vaugirard	44
Ferrière	2	r. N.-D.-de-Lorette	rue de Bréda	5
Fers (aux)	4	rue Saint-Denis	marché aux Poirées	15
Feuillade (de la)	3, 4	place des Victoires	rue de la Vrillère	16
Fèves (aux)	9	rue de la Calandre	r. de la Vlle-Draperie	33
Feydeau	2	rue Montmartre	rue Richelieu	7
Fiacre (Saint-)	5	rue des Jeûneurs	boulev. Poissonnière	10
Fiacre (Saint-)	10	avenue de Saxe	chemin de ronde	38
Fidélité (de la)	5	r. du Faub. S.-Martin	r. du Faub. S.-Denis	17
Figuier (du)	9	r. des Prêtres-S.-Paul	rue du Fauconnier	36
Filles-du-Calvaire	6	rue Saint-Louis	boulev. du Temple	24
Filles-Dieu (des)	5	r. Bourbon-Villeneuve	rue Saint-Denis	19
Filles-S.-Thomas (des)	2	r. N.-D.-des-Victoires	rue Richelieu	7
Filles-de-l'Hosp. (des)	7	marché des Bl.-Mant.	r. des Franes-Bourg.	26
Fléchier	2	rue Olivier	rue Saint-Lazare	5
Fleurus (de)	11	rue Madame	r. N.-D.-des-Champs	41
Florence (de)	1	rue de Valois	boulv. Malesherbes	1
Florentin (Saint-)	1	ruc de Rivoli	rue Saint-Honoré	4
Foin-au-Marais (du)	8	rue Saint-Louis	r. Chaus. des Minimes	29
Foin-S.-Jacques (du)	11	rue Saint-Jacques	rue de la Harpe	43
Folie-Méricourt	6	rue Ménilmontant	r. du Faub. du Temple	24
Folie-Régnault	8	rue de la Muette	rue des Amandiers	30
Fontaine S.-Georges	3	r. N.-D.-de-Lorette	barrière Blanche	9
Fontaine-au-Roi	6	rue Folie-Méricourt	rue S.-Maur-Popine.	24
Fontaine (de la)	12	r. du Puits-de-l'Ermite	rue d'Orléans	46
Fontaines (des)	6	rue du Temple	rue de la Croix	22
Fontaines (des)	2	rue Louis-le-Grand	r. Neuve-S.-Augustin	7
Fontaine-Grenelle	10	av. Lamothe-Piquet	avenue de Suffren	39
Fontaine-Molière (de la)	2	rue S.-Honoré	rue Richelieu	6
Forez (du)	6	rue Charlot	marché du Temple	24

Rues	Arr.	Commence	Finit	Q^rs
Forges (des)	5	rue Damiette	place du Caire	19
Fortin	1	rue Ponthieu	r. des Ecuries d'Artois	1
Fort-Royal	12	r. du Faub. St.-Jacq.	rue d'Enfer	48
Fossés-S.-Bernard	12	quai Saint-Bernard	rue Saint-Victor	47
Foss.-S.-G.-l'Auxerr.	4	rue de la Monnaie	place du Louvre	15
Fossés-S.-Jacques	12	rue Saint-Jacques	place de l'Estrapade	48
Fossés-S.-Martin	5	rue de la Chapelle	r. du Faub. S.-Denis	17
Fossés-S.-Marcel	12	rue du Jardin-du-Roi	rue Mouffetard	46
Fossés-Montmartre	5	place des Victoires	rue Montmartre	12
Fossés-Saint-Victor	12	rue Saint-Victor	rue Descartes	47
Fossés-du-Temple	6	rue Menilmontant	r. du Faub. du Temple	24
Fouare (du)	12	rue de la Bûcherie	rue Galande	45
Four-S.-Honoré	3, 4	rue Saint-Honoré	rue Traînée	16
Four-S.-Jacques	12	rue des Sept-Voies	rue d'Ecosse	45
Four-S.-Germain	10, 11	rue Ste-Marguerite	carr. de la Cr.-Rouge	41
Fourcy (de)	9	rue de Jouy	rue Saint-Antoine	34
Fourcy-S.-Marcel(de)	12	rue Mouffetard	place de Fourcy	45
Fourneaux (des)	11	rue de Vaugirard	barr. des Fourneaux	41
Fourreurs (des)	4	place Ste-Opportune	rue des Déchargeurs	13
Foy (Sainte-)	5	rue Saint-Denis	rue des Filles-Dieu	19
Française	5	r. Pavée-S.-Sauveur	rue Mauconseil	20
François Ier	1	quai de Billy	place François Ier	2
François-Miron	9	r. Pourt.-S.-Gervais	rue Lobau	34
Francs-Bourgeois	11	rue de Vaugirard	place Saint-Michel	42
Francs-Bourgeois	7, 8	r. Vieille-du-Temple	r. Païenne	27
Francs-Bourgeois	12	cloître S. Marcel	r. des Foss.-S.-Marcel	46
Fréjus	10	rue de Babylone	rue Plumet	38
Frères (des Trois-)	2	rue de la Victoire	rue Saint-Lazare	8
Frépillon	6	rue Aumaire	rue Phelippeaux	22
Fromagerie (de la)	4	r. du Marc. aux Poirées	rue Traînée	15
Fromentel	12	rue Charretière	r. du Cim.-S.-Benoît	45
Fronde (de la)	8	impasse S.-Bernard	rue de Montreuil	31
Frondeurs (des)	2	rue de l'Anglade	rue Saint-Honoré	6
Furstemberg	10	rue Jacob	rue de l'Abbaye	37

G.

Gaillon	2	r. N. des Pet.-Champs	r. Neuve S. Augustin	7
Galande	12	place Maubert	rue S. Jacques	45
Garancière	11	rue du Petit-Bourbon	rue de Vaugirard	41
Gasté	1	rue des Batailles	rue Basse-Chaillot	2
Gazomètre (du)	2, 3	place Bossuet	barr. du Télégraphe	8
Gênes (de)	1	rue d'Amsterdam	rue de Clichy	1
Geneviève (Sainte-)	1	grande rue de Chaillot	dans les Champs	2
Gentilly (de)	12	rue Mouffetard	boulev. des Gobelins	46
Genty	8	quai de la Rapée	rue de Bercy	52

Rues	Arr.	Commence	Finit	Qrs
Geoffroy-Langevin	7	rue Ste-Avoye	rue Beaubourg	25
Geoffroy-Lasnier	9	quai de l'Hôt.-de-Ville	rue S. Antoine	34
Geoffroy-Marie	2	r. du Faub. Montmart.	rue Richer	8
Georges (Saint-)	2	rue Saint-Lazare	place Saint-Georges	5
Gérard-Boquet	9	rue des Lions-S.-Paul	rue Neuve-S.-Paul	36
Germain-l'Aux. (S.-)	4	rue Saint-Denis	pl. des Trois-Maries	14
Germ.-des-Prés (S.-)	10	rue Jacob	place S.-G.-des-Prés	37
Gervais-Laurent	9	rue de la Cité	rue du M.-aux-Fleurs	35
Gervais (Saint-)	8	r. des Coutur.S.-Gerv.	r. Neuve-S.-François	29
Gindre (du)	11	r. du Vieux-Colomb.	rue Mézières	41
Gît-le-Cœur	11	quai des Augustins	r. S. André-des-Arts	42
Glacière (de la)	12	rue de Lourcine	boulevard S.-Jacques	46
Glatigny	9	rue Basse-des-Ursins	rue des Marmouzets	35
Gobelins (des)	12	rue Mouffetard	rivière de Bièvre	46
Godot-de-Mauroy	1	boul. de la Madeleine	r. Ne.-des-Mathurins	3
Gourdes (des)	1	allée des Veuves	ruelle des Marais	2
Goutte-d'Or (de la)	5	près Bonne-Nouvelle		19
Gracieuse	12	rue d'Orléans	rue Copeau	47
Grammont (de)	2	r. Neuve-S.-Augustin	boulevard des Italiens	7
Grands-Degrés (des)	12	quai de la Tournelle	rue du Haut-Pavé	45
Grand-Prieuré (du)	6	rue de Ménilmontant	rue de la Tour	24
Gr.-Augustins (des)	11	quai des Augustins	r. S. André-des-Arts	42
Grand-Chantier (du)	7	r. des Vlles-Audriettes	rue Pastourelle	26
Grand-Hurleur (du)	6	rue Saint-Martin	rue Bourg-l'Abbé	21
Gr.-Truanderie (de la)	5	rue Saint-Denis	rue Montorgueil	20
Grande rue Verte	1	rue du F. S.-Honoré	r. de la Ville-l'Evêque	1
Gr.-Friperie (de la)	4	rue de la Tonnellerie	place du Légat	15
Grand-S.-Michel (du)	5	rue du Faub. S.-Martin	au canal.	17
Gr. rue de la Trinité	6	rue du Commerce	rue des Arts	21
Grange-Batelière	2	r. N. Grange-Batelière	rue du F. Montmartre	5
Grange-aux-Belles	5	rue des Marais	rue des Récollets	18
Gravilliers (des)	6	rue du Temple	rue Transnonain	22
Greffuche	1	rue Castellane	rue Ne-des-Mathurins	3
Grenelle S.-Honoré	4	rue Saint-Honoré	rue Coquillière	16
Grenelle S.-Germain	10	car. de la Croix-Rouge	rue Labourdonnaie	37
Grenelle Gr.-Caillou	10	espl. des Invalides	aven. Labourdonnaie	39
Grenetat	6	rue Saint-Martin	rue Saint-Denis	21
Grenier-Saint-Lazare	7	rue Beaubourg	rue Saint-Martin	25
Grenier-sur-l'Eau	9	rue Geoffroy-Lasnier	rue des Barres	34
Grès (des)	11	rue Saint-Jacques	rue de la Harpe	43
Grésillons (des)	1	rue du Rocher	rue de Miromesnil	1
Grétry	2	rue Favart	rue Grammont	5
Gril (du)	12	rue d'Orléans	rue Censier	46
Gros-Caillou (du)	10	centre du Gr.-Caillou	Invalides	39
Gros-Chenet (du)	5	rue de Cléry	rue des Jeûneurs	10
Guénégaud	10	quai Conti	rue Mazarine	37

Rues	Arr.	Commence	Finit	Q^{rs}
Guérin-Boisseau	6	rue Saint-Martin	rue Saint-Denis	21
Guillaume	9	rue S.-Louis-en-l'Île	quai d'Orléans	33
Guillaume (Saint-)	10	rue des Saints-Pères	rue de Grenelle	37
Guillemites (des)	7	rue des Blancs-Mant.	rue de Paradis	26
Guisarde	11	marché S.-Germain	rue des Canettes	44
Guy-la-Brosse	12	rue de Jussieu	rue Saint-Victor	47

H.

Hamelin	2	rue Blanche	rue de Clichy	5
Hambourg (de)	1	rue de Valois	rue de Constantinople	1
Hanovre (d')	2	rue de Choiseul	rue du Port-Mahon	7
Harcourt (d')	10	place Fontenoy	barr. des Paillassons	39
Harlay (de)	11	quai de l'Horloge	quai des Orfèvres	44
Harlay (de)	8	boulev. Beaumarchais	rue Saint-Claude	29
Harpe (de la)	11	rue Saint-Severin	place Saint-Michel	42
Hasard (du)	2	rue Traversière	rue Sainte-Anne	6
Haut-Moulin (du)	9	rue Glatigny	de la Cité	35
Haut-Moulin (du)	6	rue de la Tour	r. du Faub. du Temp.	24
Haut-Pavé (du)	12	quai des Gr.-Degrés	rue de la Bûcherie	45
Haute-des-Ursins	9	rue Glatigny	rue Saint-Landry	35
Hautefeuille	11	pl. S. André-des-Arts	r. de l'Ecole-de-Méd.	42
Hauteville	3	boulev. B.-Nouvelle	place Lafayette	9
Heaumerie (de la)	6	r. de la V^{lle}-Monnaie	rue Saint-Denis	23
Helder (du)	2	boulev. des Italiens	rue Taitbout	5
Henri	6	rue Bailly	rue Royale S.-Martin	22
Hilaire (du Mont S.)	12	rue des Sept-Voies	r.S.-Jean-de-Beauvais	43
Hillerin-Bertin	10	rue de Grenelle	rue de Varennes	38
Hippolyte (Saint-)	12	r. des Trois-Couronn.	rue de Lourcine	46
Hirondelle (de l')	11	pl. du Pont S.-Michel	rue Git-le-Cœur	42
Homme-Armé (de l')	7	r. Ste-C.-de-la-Breton.	r. des Bl.-Manteaux	26
Honoré (Saint-)	1,2,3,4	rue de la Lingerie	rue Royale	13
Honoré (du Faub. S.)	1	rue Royale	rue d'Angoulême	3
Honoré-Chevalier	11	rue du Pot-de-Fer	rue Cassette	41
Hôpit. S. Louis (de l')	5	rue des Récollets	barr. du Combat	18
Hôpital (de l')	12	boulev. de l'Hôpital	pl. des Deux-Moulins	47
Hospitalières (des)	7	rue des Rosiers	r. des Francs-Bourg.	25
Hôtel-Colbert (de l')	12	quai des Gr.-Degrés	rue Galande	45
Hôtel-de-Ville (de l')	9	rue de l'Etoile	rue de Lobau	34
Houssaye (du)	2	rue de Provence	rue de la Victoire	5
Huchette (de la)	11	rue du Petit-Pont	r. de la V^{lle}-Bouclerie	43
Hugues (Saint-)	6	rue Bailly	r. Royale S. Martin	22
Hyacinthe (Saint-)	2	r.du March.S.-Honoré	rue de la Sourdière	6
Hyacinthe (Saint-)	11	place Saint-Michel	rue Saint-Jacques	43

I.

Rues	Arr.	Commence	Finit	Qrs
Iéna (d')	10	la Seine	les Invalides	39
Irlandais (des)	12	r. de la Vieil.-Estrap.	rue des Postes	48
Ivry (d')	12	rue du Banquier	boulev. de l'Hôpital	47

J.

Jacinthe	12	rue des Trois-Portes	rue Galande	45
Jacob	10	rue de Seine	rue des Saints-Pères	37
Jacques (Saint-)	11 , 12	rue du Petit-Pont	rue de la Bourbe	45
Jacq. (du Faub. S.)	12	rue de la Bourbe	boulev. Saint-Jacques	48
Jacq.-la-Bouch. (S.)	6, 7	rue Planche-Mibray	rue Saint-Denis	28
Jacques-de-Brosse	9	quai de l'Hôt-de-Ville.	rue François-Miron	34
Jardin-du-Roi (du)	12	rue Poliveau	carrefour de la Pitié	47
Jardinet (du)	11	rue Mignon	rue de l'Eperon	42
Jardins (des)	9	rue des Barrés	r. des Prêtres-S.-Paul	36
Jarente	8	r. du Val-Ste-Cather.	r. Cult.-Ste-Catherine	29
Jean (S.)-Gros-Caill.	10	rue de l'Université	rue Saint-Dominique	39
Jean-Baptiste (Saint-)	1	rue la Pépinière	rue Saint-Michel	1
Jean-Bart	11	rue de Vaugirard	rue de Fleurus	41
Jean-Beausire	8	boulev. Beaumarchais	rue Saint-Antoine	29
Jean-de-Beauce	4	rue de la Gr.-Friperie	r. de la Cordonnerie	15
Jean-de-Beauvais(S.-)	12	rue des Noyers	r. du Mont-S.-Hilaire	45
Jean-Jacq.-Rousseau	3	rue Coquillière	rue Montmartre	11
Jean-Hubert	12	rue des Cholets	rue des Sept-Voies	45
Jean-de-l'Epine	7	rue de la Vannerie	rue de la Coutellerie	28
Jean-de-Latran (S.-)	12	r. S.-Jean-de-Beauv.	place Cambrai	46
Jean-Lantier	4	rue des Lavandières	rue Bertin-Poirée	14
Jean-Goujon	1	quai de Billy	allée des Veuves	2
Jean-Pain-Mollet	7	rue de la Coutellerie	rue des Arcis	28
Jean-Robert	6	rue Transnonain	rue Saint-Martin	22
Jean-Tison	4	r. des F.-S.-G.-l'Aux.	rue Bailleul	13
Jeannisson	2	rue Saint-Honoré	rue Richelieu	6
Jérôme (Saint-)	7	quai de Gèvres	rue de la Ville-Lanterne	28
Jérusalem (de)	11	quai des Orfèvres	rue de Nazareth	44
Jeûneurs (des)	3	rue du Sentier	rue Montmartre	10
Joaillerie (de la)	4, 7	place du Châtelet	r. S.-Jacq.-la-Bouch.	28
Joquelet	3	r. N.-D.-des-Victoires	rue Montmartre	12
Joseph (Saint-)	3	rue Montmartre	rue du Gros-Chenet	10
Joubert	1	r. de la Chaus. d'Antin	rue Sainte-Croix	3
Jour (du)	3	rue Montmartre	place Saint-Eustache	11
Jouy (de)	9	rue de Fourcy	rue Saint-Antoine	34

Rues	Arr.	Commence	Finit	Qrs
Juifs (des)	7	rue du Roi-de-Sicile	rue des Rosiers	27
Julien-le-Pauvre (S.)	12	rue de la Bûcherie	rue Galande	45
Julienne	12	rue Pascal	rue de Lourcine	48
Jules (Saint-)	8	r. du Faub. S.-Antoine	rue de Montreuil	31
Jussienne (de la)	3	rue Montmartre	rue Verdelet	12
Jussieu	12	rue Cuvier	rue Saint-Victor	47

K.

Kléber	10	quai d'Orsay	avenue de Suffren	39

L.

Laborde	1	rue du Rocher	rue de Miroménil	1
Laborde	5	r. du Faub. S.-Martin	rue Lafayette	18
Labruyère	2	place Saint-Georges	avenue de Boufflers	5
Lacaille	12	rue d'Enfer	boulevard d'Enfer	48
Lacasse	5	rue de l'Entrepôt	rue Albouy	18
Lacuée	8	place Mazas	r. du Faub. S.-Antoine	32
Lafayette	5	r. du Faub. S.-Martin	r. du Faub. Poissonn.	17
Laffitte	2	boulev. des Italiens	rue de Breda	6
Lagny	8	rue des Ormeaux	r. du F. S.-Antoine	31
Laiterie (de la)	6	rue du Commerce	rue des Arts	21
Lancry (de)	5	rue de Bondy	rue des Marais	18
Lanterne (de la)	7	rue Saint-Bon	rue des Arcis	28
Laperche	2	rue Blanche	rue de Clichy	5
Lard (au)	4	rue de la Lingerie	rue Lenoir	15
Las-Cases	10	rue Bellechasse	place Bellechasse	38
Laurent (Saint-)	5	r. du Faub. S.-Martin	r. du Faub. S.-Denis	17
Laurette	11	r. N.-D.-des-Champs	rue de l'Ouest	44
Laval	2	rue Pigale	rue des Martyrs	5
Lavandières (des)	4	r. S. Germ.-l'Auxer.	pl. Sainte-Opportune	13
Lavandières (des)	12	place Maubert	rue des Noyers	45
Lavoisier	1	r. d'Anjou S.-Honoré	rue d'Astorg	1
Lazare (Saint-)	1, 2	rue du F. Montmartre	rue de l'Arcade	3
Lazare (Saint-)	5	rue Saint-Laurent	foire Saint-Laurent	17
Leclerc	12	r. du Faub. S.-Jacques	boulevard S.-Jacques	48
Lenoir (Halle)	4	rue Saint-Honoré	rue de la Poterie	15
Lenoir	8	marché Beauveau	r. du Faub. S.-Antoine	32
Léonie	2	rue Boursault	rue Chaptal	5
Lepelletier	2	boulev. des Italiens	rue de Provence	5
Lesdiguières (de)	9	rue de la Cérisaie	rue Saint-Antoine	36
Leture	6	rue Perrée-du-Temple	rue du Petit-Thouars	24
Licorne (de la)	9	rue des Marmouzets	rue Saint-Christophe	35
Lille (de)	10	rue des Saints-Pères	rue de Bourgogne	40

Rues	Arr.	Commence	Finit	Qrs
Limace (de la)	4	rue des Déchargeurs	rue des Bourdonnais	15
Limoges (de)	7	rue de Poitou	rue de Bretagne	26
Lingerie (de la)	4	rue Saint-Honoré	marché des Innocens	15
Lingerie (de la)	11	encl. du Mar. S.-Germ.		44
Lions (des)	9	rue du Petit-Musc	rue Saint-Paul	36
Lisbonne (de)	2	rue Saint-Pétersbourg	rue Blanche	5
Lobau	9	quai de l'Hôt.-de-Ville	r. de la Tixeranderie	34
Lobineau	11	rue de Seine	rue Mabillon	44
Lombards (des)	6	rue Saint-Martin	rue Saint-Denis	23
Londres (de)	1	rue de Clichy	place de l'Europe	1
Longchamps (de)	1	rue des Batailles	barr. de Longchamps	2
Lerillon	6	rue Saint-Maur	barrière Louillon	21
Louis-le-Grand	1, 2	r. N.-des-P.-Champs	boulev. des Capucines	7
Louis (Saint-)	1	rue de l'Echelle	rue Saint-Honoré	4
Louis (S.) au Marais	8	rue de l'Echarpe	r. des Filles-du-Calv.	29
Louis (Saint-) en l'Ile	9	quai de Béthune	pont de la Cité	33
Louis-Philippe	1	rue de Rivoli	rue Saint-Honoré	4
Louis-Philippe	8	rue la Roquette	rue Charonne	38
Lourcine (de)	12	rue Mouffetard	rue de la Santé	48
Louvois	2	rue Richelieu	rue Saint-Anne	7
Lubeck	1	rue de Longchamps	rue Croix-Boissière	2
Lully	2	rue Rameau	rue de Louvois	7
Lune (de la)	5	rue Poissonnière	boul. Bonne-Nouvelle	12
Lyonnais (des)	12	rue de Lourcine	rue des Charbonniers	48

M.

Mabillon	11	rue du Four	rue du Petit-Bourbon	41
Mâcon	11	rue S. André-des-Arts	r. de la VIIe-Bouclerie	42
Maçons (des)	11	rue des Mathurins	place Sorbonne	45
Madame	11	rue de Vaugirard	rue de l'Ouest	41
Madeleine (de la)	1	à l'église de ce nom	rue de l'Arcade	3
Mademoiselle (de)	10	rue Plumet	rue de Monsieur	38
Madrid (de)	1	place de l'Europe	boulevard Malesherbes	2
Magasins (des)	5	rue de Chabrol	rue Lafayette	17
Maglebourg (de)	1	quai de Billy	rue des Batailles	2
Magloire (Saint-)	6	rue Salle-au-Comte	rue Saint-Denis	23
Mail (du)	3	rue Vide-Gousset	rue Montmartre	16
Maison-Neuve	1	rue de la Pépinière	rue de la Voirie	1
Mallart	10	rue de l'Université	rue Saint-Dominique	41
Malte	6	rue de Ménilmontant	rue de la Tour	34
Mandar	5	rue Montorgueil	rue Montmartre	14
Mansart	9	rue Saint-Paul	rue Rabelais	36
Marais (des)	10	rue de Seine	r. des Petits-August.	37
Marais (des)	5	r. du Faub. du Temple	r. du Faub. S.-Martin	18

2

Rues	Arr.	Commence	Finit	Q^rs
Marbeuf	1	Champs-Elysées		2
Marc (Saint-)	2	rue Montmartre	rue Richelieu	7
Marcel (Saint-)	12	rue Mouffetard	place Saint-Marcel	46
Marche (de la)	7	rue de Poitou	rue de Bretagne	26
Marché (du)	1	rue d'Aguesseau	rue des Saussayes	1
Marché-aux-Fleurs	9	rue de la Pelleterie	r. de la V^lle-Draperie	35
Marché-aux-Chevaux	12	rue Poliveau	boulev. de l'Hôpital	46
Marché-S.-Honoré	2	rue Saint-Honoré	r. N.-des-Pet.-Champs	6
Marché-Neuf (du)	9	rue de la Cité	quai du Marché-Neuf	35
Marché-Popincourt	8	rue Popincourt	rue Ménilmontant	30
Marché-S.-Laurent	3	r. du Faub. S.-Martin	marché Saint-Laurent	18
Marché-S.-Martin (du)	6	rue Frépillon	marché Saint-Martin	22
Marché-aux-Poirées	4	carreau de la Halle	place du Légat	15
Marcoul (Saint-)	6	rue Bailly	rue Royale S. Martin	22
Marguerite (Sainte-)	10	rue de Bussy	rue de l'Egout	37
Marguerite (Sainte-)	8	r. du F. S.-Antoine	rue de Charonne	31
Marie (Sainte-)	1	quai de Billy	rue de Lubeck	2
Marie-Stuart	5	rue des Deux-Portes	rue Montorgueil	20
Marigny (de)	1	Champs-Elysées	r. du Faub. S.-Honoré	2
Marivaux (de)	2	rue de Grétry	boulevard des Italiens	7
Marivaux (de)	6	rue des Ecrivains	rue des Lombards	23
Marlborough	3	rue Rochechouart	r. du F. Poissonnière	9
Marmouzets (des)	9	rue de la Colombe	rue de la Cité	35
Marmouzets (des)	12	rue des Gobelins	rue Saint-Hippolyte	46
Marque-Foy	5	r. du Grand-S.-Michel	rue des Ecluses	18
Marsollier	2	rue Méhul	rue Monsigny	7
Martel	3	r. des Petites-Ecuries	rue de Paradis	9
Marthe (Sainte-)	10	passage Saint-Benoît	rue Childebert	37
Martignac	10	place Bellechasse	rue de Grenelle	40
Martin (Saint-)	6, 7	rue des Lombards	porte Saint-Martin	25
Martin (du Faub. S.)	5	porte Saint-Martin	barr. de la Villette	18
Martyrs (des)	2	rue Saint-Lazare	barrière des Martyrs	5
Masseran	10	rue Neuve-Plumet	rue de Sèvres	39
Massillon	9	rue Chanoinesse	rue Bossuet	35
Masure (de la)	9	quai des Ormes	r. de l'Hôtel-de-Ville	34
Mathurins (des)	11	rue Saint-Jacques	rue de la Harpe	43
Matignon	1	Champs-Elysées	r. du Faub. S.-Honoré	2
Maubuée	7	rue Beaubourg	rue Saint-Martin	25
Mauconseil	5	rue Saint-Denis	rue Montorgueil	20
Maur (S.) Popincourt	8	rue des Amandiers	r. de l'Hôp. S.-Louis	30
Maur (S.) S.-Germ.	10	rue de Sèvres	rue du Cherche-Midi	38
Maur (S.) S.-Martin	6	rue Royale	rue Saint-Vannes	22
Maure (du)	7	rue Beaubourg	rue Saint-Martin	25
Mauv.-Garçons (des)	10	rue de Bussy	rue des Boucheries	40
Mauvais-Garçons (des)	7	r. de la Tixeranderie	rue de la Verrerie	27
Mauv.-Paroles (des)	4	rue des Lavandières	rue des Bourdonnais	15

Rues	Arr.	Commence	Finit	Qrs
Mayet	10	rue de Sèvres	rue du Cherche-Midi	38
Mazagran	3	boulev. Bonne-Nouv.	rue de l'Echiquier	9
Mazarine	10	rue de Seine	carrefour Bussy	57
Mécaniques	6	rue du Commerce	rue des Arts	21
Méchin	12	rue de la Santé	rue du F. S.-Jacques	48
Méhul	2	rue N.-des-P.-Champs	rue de Grammont	7
Ménars (de)	2	rue Richelieu	rue de Grammont	7
Ménilmontant	6, 8	b. des Filles-du-Calv.	barr. Ménilmontant	24
Mercier	4	rue de Viarmes	rue de Grenelle	16
Mercière	11	encl. du Marché S.-G.		41
Meslay	6	rue du Temple	rue Saint-Martin	22
Messageries (des)	5	rue de Paradis	r. du Faub. Poissonn.	9
Messine (de)	1	r. de la Bienfaisance	rue de Valois	1
Métiers (des)	6	rue du Commerce	rue des Arts	21
Mézières (de)	11	rue du Pot-de-Fer	rue Cassette	41
Michel (Saint-)	1	rue Maison-Neuve	rue S.-Jean-Baptiste	1
Michel-le-Comte	7	rue Sainte-Avoye	rue Beaubourg	25
Michodière	2	carrefour Gaillon	boulevard des Italiens	7
Mignon	11	rue du Battoir	rue du Jardinet	42
Milan	1	rue du Faub. du Roule	rue de Chartres	1
Milan	1	rue de Clichy	place de l'Europe	1
Minimes (des)	8	rue des Tournelles	rue Saint-Louis	29
Miromesnil	1	r. du Faub. S.-Honoré	rue d'Amsterdam	1
Moineaux (des)	2	rue des Orties	rue Neuve-Saint-Roch	6
Molay	7	rue Porte-Foin	rue de la Corderie	26
Molière	11	place de l'Odéon	rue de Vaugirard	42
Monceaux	1	r. du Faub. du Roule	rue de Chartres	1
Moncey	2	r. du Faub. Poissonn.	rue Rochechouart	8
Mondétour	4, 5	rue des Prêcheurs	rue Mauconseil	11
Mondovi (de)	1	rue de Rivoli	rue Mont-Thabor	4
Monnaie (de la)	4	r. S.-Germain-l'Aux.	r. des F.-S.-G.-l'Aux.	14
Monsieur (de)	10	rue de Babylone	rue Plumet	38
Monsieur-le-Prince	11	carrefour de l'Odéon	rue de Vaugirard	42
Monsigny	2	rue Dalayrac	rue N. Saint-Augustin	7
Montagne-Ste-Genev.	12	place Maubert	pl. S. Etien.-du-Mont	45
Montaigne	1	r. des Champs-Elysées	r. du Faub. S.-Honoré	2
Montesquieu	4	r. Cr.-des-P.-Champs	rue des Bons-Enfans	16
Montfaucon	11	rue du Four	marché S.-Germain	41
Montgalet	8	rue de Charenton	rue de Reuilly	32
Montgolfier	6	marché Saint-Martin	rue du Vert-Bois	22
Montgolfier	6	rue Conté	rue Ferdin.-Bertould	22
Montholon	2	r. du Faub. Poissonn.	rue Rochechouart	8
Montmartre	2, 3	pointe Saint-Eustache	boulev. Montmartre	12
Montmartre (du Faub.)	2	boulev. Montmartre	rue Saint-Lazare	8
Montmorency	7	rue du Temple	rue Saint-Martin	25
Montorgueil	3, 5	Pointe S.-Eustache	rue du Cadran	20

Rues	Arr.	Commence	Finit	Qrs
Mont-Parnasse	11	r. N.-D.-des-Champs	barr. Mont-Parnasse	41
Montpensier	2	rue Richelieu	rue Beaujolais	6
Montpensier	2	rue de Valois	rue de Rohan	6
Montreuil (de)	8	r. du Faub. S.-Antoine	barrière de Montreuil	34
Mont-Thabor (du)	1	rue d'Alger	rue Mondovi	4
Moreau	8	rue de Bercy	rue de Charenton	32
Morts (des)	5	rue des Ecluses	r. du Faub. du Temple	18
Moscou (de)	4	rue de Clichy	rue d'Amsterdam	1
Mouffetard	12	rue de Fourcy	barr. Fontainebleau	47
Moulin-Joli (du)	6	r. des Trois-Couronn.	rue Lorillon	38
Moulins (des)	2	rues des Orties	r. N.-des-Pet.-Champs	6
Moulins S.-Antoine	8	barrière de Reuilly	rue Picpus	32
Moussy	7	rue de la Verrerie	r. Ste-Croix-la-Bret.	27
Mouton (du)	7, 9	pl. de l'Hôtel-de-Ville	r. de la Tixeranderie	34
Muette (de la)	8	rue de Charonne	rue de la Roquette	30
Mulets (des)	2	rue d'Argenteuil	rue des Moineaux	6
Mulhouse	3	rue Cléry	petite rue S.-Roch	10
Munich	1	rue de Courcelles	rue de la Plaisance	1
Mûrier (du)	12	rue Saint-Victor	rue Traversine	47
Musée (du)	1, 4	rue Saint-Honoré	place du Musée	6

N.

Rues	Arr.	Commence	Finit	Qrs
Naples (de)	1	place de l'Europe	rue Saint-Lazare	2
Navarin	2	rue des Martyrs	rue Breda	8
Nazareth	11	cour de la Ste-Chapelle	rue de Jérusalem	44
Necker	8	rue d'Ormesson	rue Jarente	29
Nemours	6	rue Ménilmontant	rue d'Angoulême	34
Neuve-Saint-Anastase	9	rue Saint-Paul	r. des Prêtres-S.-Paul	36
Neuve-d'Angoulême	6	rue Ménilmontant	rue d'Angoulême	30
Neuve-S.-Augustin	1, 2	rue Richelieu	boulev. des Capucines	7
Neuve-de-Babylone	10	avenue de Villars	place Fontenoy	39
Neuve-Bellechasse	10	rue Saint-Dominique	rue de Grenelle	40
Neuve-de-Berry	1	avenue de Neuilly	rue du Faub. du Roule	2
Neuve-des-B.-Enf.	2, 4	rue Baillif	rue N.-des-P.-Champs	6
Neuve-Bourg-l'Abbé	6	rue Saint-Martin	rue Bourg-l'Abbé	24
Neuve-de-Bretagne	8	rue N.-Ménilmontant	r. des Filles-du-Calv.	29
Neuve-Breda	2	rue des Martyrs	rue Breda	5
Neuve-de-Clichy	1	rue de Clichy	rue d'Amsterdam	4
Neuve-des-Capucines	1	rue de la Paix	boul. de la Madeleine	3
Neuve-des-Capucins	1	place Sainte-Croix	r. de la Chauss. d'Ant.	3
Neuve-Ste-Catherine	8	rue S. Louis-Marais	rue Païenne	29
Neuve-de-la-Cerisaie	9	boulevard Bourdon	rue Lesdiguières	36
Neuve-Chabrol	5	r. du Faub. S.-Martin	rue du Faub. S.-Denis	17
Neuve-Saint-Charles	1	rue du Faub. du Roule	rue de Courcelles	1
Neuv.-des-P.-Cham.	1, 2	rue N.-des-Bons-Enf.	place Vendôme	7

Rues	Arr.	Commence	Finit	Qrs
Neuve-Chauchat	2	rue Pinon	rue de Provence	5
Neuve-du-Colombier	8	rue Saint-Antoine	marché Ste-Catherine	29
Neuve-Sainte-Croix	2	rue Saint-Nicolas	rue Saint-Lazare	5
Neuve-Saint-Denis	6	rue Saint-Martin	rue Saint-Denis	21
Neuve-des-Ecuries	10	avenue Lowendal	av. Lamothe-Piquet	59
Neuve-Saint-Etienne	12	rue Copeau	rue Contrescarpe	47
Neuve-Saint-Etienne	5	rue Beauregard	boulev. Bonne-Nouv.	19
Neuve-Saint-Eustache	5	rue Montmartre	rue du Petit-Carreau	10
Neuve-de-la-Ferme	1	boulev. de la Madel.	rue N.-des-Mathurins	3
Neuve-de-la-Fidélité	5	rue de la Fidélité	rue Neuve-S.-Jean	17
Neuve-Saint-François	8	rue Vieille-du-Temple	rue Saint-Louis	29
Neuve-Ste-Geneviève	12	rue Contrescarpe	rue des Postes	46
Neuve-Saint-Georges	2	place Saint-Georges	rue Saint-Lazare	5
Neuve-Saint-Gilles	8	boulev. Beaumarchais	rue Saint-Louis	29
Neuve-Grange-Batel.	2	boulevard des Italiens	rue Pinon	5
Neuve-Guillemin	11	rue du Four	rue du Vieux-Colomb.	41
Neuve-Saint-Jean	5	r. du Faub. S.-Martin	r. du Faub. S.-Denis	17
Neuve-Saint-Laurent	6	rue du Temple	rue de la Croix	22
Neuve-de-Lappe	8	rue de Charonne	rue de la Roquette	31
Neuve-Luxembourg	1	rue de Rivoli	boul. de la Madeleine	4
Neuve-Saint-Marc	2	rue Richelieu	place des Italiens	7
Neuve-Saint-Martin	6	r. du Pont-aux-Biches	rue Saint-Martin	22
Neuve-des-Mathurins	2	rue Chaussée-d'Antin	rue de l'Arcade	5
Neuve-Saint-Médard	12	rue Gracieuse	rue Mouffetard	47
Neuve-Ménilmontant	8	rue Saint-Louis	b. des Filles-du-Calv.	29
Neuve-Montmorency	2	rue Feydeau	rue Saint-Marc	7
Neuve-Saint-Nicolas	5	rue Samson	r. du Faub. S.-Martin	18
Neuve-Notre-Dame	9	place du Parvis	rue de la Cité	35
Neuve-de-l'Oratoire	1	avenue de Neuilly	rue du Faub. du Roule	2
Neuve-Saint-Paul	9	rue Beautreillis	rue Saint-Paul	36
Neuve-des-Pet.-Pères	3	rue de la Feuillade	rue Vide-Gousset	12
Neuve-Saint-Pierre	8	rue Neuve-S.-Gilles	rue des Douze-Portes	29
Neuve-Plumet	10	boulev. des Invalides	avenue de Breteuil	39
Neuve-des-Poirées	11	pl. du Coll. Louis-le-G.	rue des Cordiers	43
Neuve-de-Poitiers	1	rue Neuve-de-Berry	r. de l'Orat.-du-Roule	1
Neuve-Popincourt	8	rue Ménilmontant	passage Popincourt	30
Neuve-Richelieu	11	place Sorbonne	rue de la Harpe	43
Neuve-Saint-Roch	2	rue Saint-Honoré	r. N.-des-Pet.-Champs	6
Neuve-Saint-Sauveur	5	rue Damiette	rue du Petit-Carreau	19
Neuve-Saint-Merri	7	rue Sainte-Avoye	rue Saint-Martin	25
Neuve-Coquenard	2	rue Coquenard	r. de la Tour-d'Auverg.	8
Neuve-S.-Gilles (Pet.)	8	rue Neuve-S.-Gilles	boulev. Beaumarchais	29
Neuve-Samson	5	rue des Marais	quai Valmy	18
Neuve-de-la-Vierge	10	quai d'Orsay	rue de l'Université	40
Neuve-Vivienne	2	rue S.-Marc-Feydeau	boulevard Montmartre	7
Nevers (de)	10	quai Conti	rue d'Anjou	57

Rues	Arr.	Commence	Finit	Qrs
Newton	1	r. du Ch. de Versailles	barrière de Neuilly	2
Nicaise (Saint-)	1	rue de Rivoli	rue Saint-Honoré	4
Nicolas (Saint-)	8	rue de Charenton	r. du Faub. S.-Antoine	32
Nicolas (Saint-)	1	rue Chaussée-d'Antin	rue de l'Arcade	3
Nicolas-du-Chard.(S.)	12	rue Saint-Victor	rue Traversine	47
Nicolet	10	quai d'Orsay	rue de l'Université	39
Nonaindières	9	quai des Ormes	rue de Jouy	34
Nord (du)	3	rue des Magasins	rue Lafayette	8
Normandie (de)	6	rue Boucherat	rue Charlot	24
Nôtre (Le)	1	allée des Veuves	rue du Colysée	2
N.-D.-des-Champs	11	rue de Vaugirard	pl. de l'Observatoire	41
N.-D.-Bonne-Nouvelle	5	rue Beauregard	boulev. B.-Nouvelle	19
N.-D.-de-Nazareth	6	rue du Temple	r. du Pont-aux-Biches	22
N.-Dame-des-Grâces	1	rue de la Madeleine	r. d'Anjou S.-Honoré	1
N.-Dame-de-Lorette	2	rue Saint-Lazare	place Saint-Georges	5
N.-D.-de-Recouvrance	5	rue Beauregard	boul. Bonne-Nouvelle	19
N.-D-des-Victoires	2, 3	carref. des Pet.-Pères	rue Montmartre	7
Noyers (des)	12	place Maubert	rue Saint-Jacques	45

O.

Oblin	4	rue de Viarmes	rue Coquillière	16
Observance (de l')	11	r. de l'Ecole-de-Méd.	r. Monsieur-le-Prince	42
Odéon (de l')	11	carref. de l'Odéon	place de l'Odéon	42
Ogniard	6	rue Saint-Martin	rue des Cinq-Diamans	23
Oiseaux (des)	7	marc. des Enf.-Rouges	rue de Beauce	26
Olivet (d')	10	rue des Brodeurs	rue Traverse	38
Olivier-S.-Georges	2	r. du F. Montmartre	rue Saint-Georges	5
Orangerie (de l')	12	rue d'Orléans	rue Censier	46
Oratoire (de l')	4	place de l'Oratoire	rue Saint-Honoré	13
Oratoire (de l')	1	avenue de Neuilly	rue du Faub. du Roule	2
Orfèvres (des)	4	r. S. Germain-l'Aux.	rue Jean-Lantier	14
Orléans-S.-Hon. (d')	4	rue Saint-Honoré	rue des Deux-Ecus	16
Orléans au Marais (d')	7	rue des Quatre-Fils	rue de Poitou	26
Orléans-S.-Marce. (d')	12	rue du Jardin-du-Roi	rue Mouffetard	46
Ormeaux (des)	8	place du Trône	rue de Montreuil	51
Ormesson (d')	8	r. Culture-Ste-Cather.	r. du Val-Ste-Cather.	29
Orties (des)	2	rue d'Argenteuil	rue Sainte-Anne	6
Oscille (de l')	8	rue Saint-Louis	r. Vieille-du-Temple	29
Ouest (de l')	11	rue de Vaugirard	boul. Mont-Parnasse	41
Ours (aux)	6	rue Saint-Martin	rue Saint-Denis	24

P.

Pagevin	3	rue de la Jussienne	r. des Vieux-August.	12

Rues	Arr.	Commence	Finit	Qrs
Païenne	8	r. Neuve-Ste-Cather.	rue du Parc-Royal	29
Paix (de la)	1	r. N.-des-P.-Champs	boulev. des Capucines	3
Palatine	11	rue Garancière	place Saint-Sulpice	41
Paon (du)	12	rue Saint-Victor	rue Traversine	47
Paon (du) S.-André	11	rue du Jardinet	r. de l'Ecole-de-Méd.	42
Paon-Blanc (du)	9	quai des Ormes	r. de l'Hôtel-de-Ville	34
Papillon	2	rue Bleue	place Montholon	8
Paradis (de)	7	r. Vieille-du-Temple	rue du Chaume	26
Paradis (de)	3	r. du Faub. S.-Denis	r. du Faub. Poissonn.	9
Parcheminerie (de la)	11	rue Saint-Jacques	rue de la Harpe	43
Parc-Royal (du)	8	rue Saint-Louis	rue de Thorigny	29
Paris (de)	1	place de l'Europe	boulevard deMonceaux	1
Pascal	12	rue Mouffetard	rue de la Glacière	46
Pas-de-la-Mule (du)	8	boulev. Beaumarchais	place Royale	29
Pastourelle	7	r. du Grand-Chantier	rue du Temple	26
Paul (Saint-)	9	quai Saint-Paul	rue Saint-Antoine	36
Pavée-Saint-André	11	quai des Augustins	r. S.-André-des-Arts	42
Pavée-Saint-Sauveur	5	rue des Deux-Portes	rue Montorgueil	20
Pavée au Marais	7	rue du Roi-de-Sicile	r. Neuve-Ste-Cather.	27
Paxent (Saint-)	6	rue Bailly	rue Royale S.-Martin	22
Pélican (du)	4	r. deGrenelle S.-Hon.	r. Croix-des-Pet.-Ch.	16
Pelée (ruelle)	8	canal Saint-Martin	Petite-rue-S.-Pierre	30
Pèlerins-S.-Jacq. (des)	5	r. du Cloître-S.-Jacq.	rue Mondétour	20
Pelleterie (de la)	9	pont Notre-Dame	pont au Change	35
Pépinière (de la)	1	rue de Courcelles	rue Saint-Honoré	1
Percée	9	r. des Prêtres S.-Paul	rue Saint-Antoine	36
Percée-Saint-André	11	rue de la Harpe	rue Hautefeuille	42
Percée au Marais	6	marché du Temple	rue du Temple	24
Perche (du)	7	rue Vieille-du-Temple	rue d'Orléans	26
Percier	2	rue Laffitte	rue la Rochefoucault	5
Perdue	12	r. des Grands-Degrés	place Maubert	45
Pérignon	10	avenue de Saxe	barr. de l'Ecole-Milit.	39
Périgueux (de)	6	rue de Bretagne	rue Boucherat	24
Périne (Sainte-)	1	Grande-r.-de-Chaillot	dans les champs.	2
Perle (de la)	8	rue de Thorigny	r. Vieille-du-Temple	29
Perrée	6	rue Caffarelli	rue du Temple	24
Perrin-Gasselin	4	rue Saint-Denis	r.de laVIIe-Harengerie	15
Perpignan (de)	9	rue des Marmouzets	r. des Trois-Canettes	33
Pétersbourg (Saint-)	1	place de l'Europe	barrière de Clichy	1
Petite-des-Acacias	10	boulev. des Invalides	place Breteuil	39
Petits-Augustins.(des)	10	quai Malaquais	rue Jacob	37
Petite-r.-d'Austerlitz	12	boulevard de l'Hôpital	boulevard d'Ivry	47
Petite rue du Bac	10	rue de Sèvres	rue du Cherche-Midi	38
Petit-Banquier (du)	12	r. du Grand-Banquier	boulev. de l'Hôpital	46
Petit-Bourbon (du)	11	rue de Tournon	place Saint-Sulpice	41
Petit-Carreau (du)	3, 5	rue du Cadran	rue de Cléry	9

Rues	Arr.	Commence	Finit	Qrs
Petit-Champ (du)	12	r. du Ch.-de-l'Alouette	rue de la Glacière	46
Petits-Champs (des)	7	rue Beaubourg	rue Saint-Martin	25
Petit-Chevert (du)	10	rue Chevert	av. Lamothe-Piquet	39
Petite-Corderie (de la)	6	rotonde du Temple	rue Dupuis	24
Petit-Crucifix (du)	6	rue S. Jacq.-la-Bouch.	place du même nom	25
Petite-rue-du-Désert	2	rue Saint-Lazare	rue du Désert	5
Petites-Ecuries (des)	5	r. du Faub. S.-Denis	r. du Faub. Poissonn.	9
Petite-Friperie (de la)	4	r. de la Gr.-Friperie	rue de la Tonnellerie	15
Petit-Gentilly (du)	12	rue Mouffetard	boulev. des Gobelins	46
Pet. r. N^e-S.-Gilles	8	boul. Beaumarchais	rue Saint-Louis	29
Petits-Hôtels (des)	5	place Lafayette	rue des Magasins	9
Petit-Hurleur (du)	6	rue Bourg-l'Abbé	rue Saint-Denis	21
Petite rue d'Ivry	12	boulev. de l'Hôpital	rue Ville-Juif	47
Petit-Lion (du)	5	rue Saint-Denis	rue des Deux-Portes	20
Petit-Lion (du)	11	rue de Condé	rue de Seine	41
Petite rue Marivaux	6	r. de la V^{lle}-Monnaie	rue Marivaux	25
Petit-Moine (du)	12	rue de Scipion	rue Mouffetard	46
Petit-Musc (du)	9	quai des Célestins	rue Saint-Antoine	36
Petit-Pont (du) 11,	12	place du Petit-Pont	rue Galande	45
Petite rue S.-Pierre	8	rue Amelot	rue du Chemin-Vert	29
Petit-Reposoir (du)	5	r. des Vieux-August.	place des Victoires	12
Petite rue de Reuilly	8	rue de Charenton	Grande r. de Reuilly	32
Petite rue Taranne	10	rue de l'Egoût	rue du Dragon	37
Petit-Thouars (du)	6	pl. de la Rot. du Templ.	rue du Temple	24
Pet.-Truanderie (la)	5	rue Mondétour	r. de la Gr.-Truander.	20
Petite rue Verte	1	r. du Faub. S.-Honoré	rue Verte	1
Pet. r. des Vinaigriers	5	r. Grange-aux-Belles	r. de l'Hôpit. S.-Louis	18
Petite-Voirie (de la)	8	rue Popincourt	aux champs	30
Pet. Voirie (de la) Roule	1	rue de la Voirie	rue de la Bienfaisance	1
Petrel	5	r. du Faub. Poissonn.	rue Rochechouart	9
Phélippeaux	6	rue du Temple	rue Frépillon	22
Philippe (S.-) B.-N.	5	r. Bourbon-Villeneuve	rue de Cléry	19
Philippe (Saint-)	6	rue Bailly	r. Royale-S.-Martin	22
Picpus (de)	8	r. du Faub. S.-Antoine	barrière Picpus	32
Pied-de-Bœuf	7	place du Châtelet	rue de la Tuerie	28
Pierre (S.) Popinc.	8	rue S.-Sébastien	rue Menilmontant	30
Pierre-Montmart. (S.)	3	rue Montmartre	r. N.-D.-des-Victoires	12
Pierre-à-Poissons	4	place du Châtelet	rue de la Saunerie	14
Pierre-Assis	12	rue Mouffetard	rue S.-Hippolyte	46
Pierre-au-Lard	7	rue Neuve-S.-Merri	rue du Poirier	25
Pierre-Lescot	4	place du Musée	rue Saint-Honoré	13
Pierre-Levée	5	rue des Trois-Bornes	rue Fontaine-au-Roi	24
Pierre-Lombard	12	place de la Collégiale	rue Mouffetard	46
Pierre-Sarrazin	11	rue de la Harpe	rue Hautefeuille	42
Pigale	2	rue Blanche	barr. Montmartre	5
Pinon	2	rue Laffitte	r. N^e-Grang.-Batelière	5

Rues	Arr	Commence	Finit	Qrs
Pirouette	4, 5	carreau de la Halle	rue Mondétour	20
Placide (Sainte-)	10	rue de Sèvres	rue du Cherche-Midi	38
Planche (de la)	10	rue de la Chaise	rue du Bac	38
Planche-Mibray	7	pont Notre-Dame	r. S.-Jacq.-la-Bouch.	28
Planchette (de la)	8	rue Lacuée	rue de Charenton	32
Plat-d'Etain (du)	4	rue des Lavandières	rue des Déchargeurs	15
Plâtre (du)	12	rue des Anglais	rue Saint-Jacques	45
Plâtre (du) Marais	7	r. de l'Homme-Armé	rue Sainte-Avoye	26
Plumet	10	boulev. des Invalides	rue des Brodeurs	38
Poirées (des)	11	pl. du Coll. Louis-le-G.	rue de Cluny	43
Poirier (du)	7	rue Neuve-S.-Merri	rue Simon-le-Franc	25
Poissonnière	3, 5	rue de Cléry	boulev. Poissonnière	10
Poissonnière (du F.)	2, 3	boulev. Poissonnière	barrière Poissonnière	8
Poissy (de)	12	quai de la Tournelle	rue Saint-Victor	47
Poitevins (des)	11	rue Hautefeuille	rue du Battoir	42
Poitiers (de)	10	quai d'Orsay	rue de l'Université	48
Poitou (de)	7	r. Vieille-du-Temple	rue d'Orléans	26
Poliveau	7	rue des Hospitalières	r. Vieille-du-Temple	25
Poliveau	12	boulev. de l'Hôpital	r. du M.-aux-Chevaux	46
Pompe (de la)	10	quai d'Orsay	rue de l'Université	59
Ponceau (du)	6	rue Saint-Martin	rue Saint-Denis	21
Pont (du)	1	rue Basse-S.-Pierre	rue de Chaillot	2
Pont-aux-Biches (du)	6	rue Ne-S.-Laurent	r. N.-D.-de-Nazareth	22
Pont-aux-Biches (du)	12	rue Censier	rue du Fer-à-Moulin	46
Pont-aux-Choux (du)	8	boul. Beaumarchais	rue Saint-Louis	29
Pont-de-Lodi (du)	11	r. des Gr.-Augustins	rue Dauphine	42
Pont-de-la-Triperie	10	rue de la Pompe	pont d'Antin	59
Pont-Louis-Philippe	9	quai de l'Hôt.-de-Ville	rue Saint-Antoine	34
Ponthieu (de)	1	place Matignon	rue Neuve-de-Berry	2
Pontoise (de)	12	quai de la Tournelle	rue Saint-Victor	47
Popincourt (de)	8	rue de la Roquette	rue Ménilmontant	59
Poquet	1	rue de Chaillot	rue Newton	2
Port-Mahon (du)	2	carrefour Gaillon	rue Louis-le-Grand	7
Porte-Foin	7	r. des Enfans-Rouges	rue du Temple	26
Postes (des)	12	place de l'Estrapade	rue de l'Arbalète	48
Pot-de-Fer-S.-G. (du)	11	r. du Vieux-Colombier	rue de Vaugirard	41
Pot-de-Fer-S.-Marcel	12	rue Mouffetard	rue des Postes	48
Poterie (de la)	4	rue de la Lingerie	rue de la Tonnellerie	13
Poterie (de la)	7	r. de la Tixeranderie	rue de la Verrerie	28
Pothier (Ch.-Elysées)	1	rue d'Angoulême	rue de l'Oratoire	1
Potiers-d'Etain (des)	4	rue de la Cossonnerie	rue Pirouette	15
Poules (des)	12	r. de la Ve-Estrapade	r. du Puits-qui-parle	48
Poulies (des)	4	place du Louvre	rue Saint-Honoré	14
Poultier	9	quai de Béthune	quai d'Anjou	35
Poupée	11	rue de la Harpe	rue Hautefeuille	42
Pourtour (du)	9	rue François-Miron	place Baudoyer	34

Rues	Arr.	Commence	Finit	Qrs
Prêcheurs (des)	4	rue Saint-Denis	r. des Potiers-d'Etain	15
Prêtres-S.-Severin	11	rue Saint-Severin	r. de la Parcheminerie	43
Prêtr.-S.-G.-l'Auxer.	4	rue de la Monnaie	pl. S.-Germ.-l'Aux.	14
Prêtres-S.-Etienne	12	rue'Descartes	pl. S.-Etienne-du-M.	43
Princesse	11	rue du Four	rue Guisarde	41
Projetée de Chaillot	1	rue Roquépine	rue de la Pépinière	1
Prouvaires (des)	3	rue Saint-Honoré	rue Traînée	11
Provence (de)	2	r. du F.-Montmartre	r. de la Ch.-d'Antin	5
Puits (du)	7	r. Ste-Cr.-de-la-Bret.	r. des Bl.-Manteaux	26
Puits-de-l'Ermite (du)	12	rue du Battoir	rue Gracieuse	47
Puits-qui-parle (du)	12	r. Ne-Ste-Geneviève	rue des Postes	48
Pyramides (des)	1	place de Rivoli	rue Saint-Honoré	4

Q.

Rues	Arr.	Commence	Finit	Qrs
Quatre-Chemins(des)	8	rue de Reuilly	barrière de Reuilly	32
Quatre-Fils (des)	7	r. Vieille-du-Temple	r. du Grand-Chantier	26
Quatre-Vents (des)	11	rue de Condé	rue de Seine	41
Quincampoix	6	rue Aubry-le-Boucher	rue aux Ours	23
Quinze-Vingts	1	rue de Valois	rue de Rohan	4

R.

Rues	Arr.	Commence	Finit	Qrs
Rabelais	9	rue Saint-Paul	rue Saint-Antoine	36
Racine	11	rue de la Harpe	place de l'Odéon	42
Rambouillet (de)	8	rue de Bercy	rue de Charenton	32
Rambuteau	5, 6, 7	rue du Chaume	à la Halle	26
Rameau	2	rue Richelieu	rue Sainte-Anne	7
Rats (des)	8	rue Folie-Regnault	anc. barr. des Rats	30
Ravel	10	rue de Sèvres	r. du Cherche-Midi	38
Réale (de la)	3	rue de la Tonnellerie	r. de la Gr.-Truander.	20
Récollets (des)	5	r. Grange-aux-Belles	r. du Faub. S.-Martin	18
Regard (du)	10, 11	r. du Cherche-Midi	rue de Vaugirard	38
Regnard	11	place de l'Odéon	rue de Condé	42
Regnault-Lefèvre	7	place Baudoyer	anc. marché S.-Jean	27
Regnie (de la)	6	rue des Cinq-Diamans	rue Saint-Denis	23
Regratière	9	qua d'Orléans	rue S.-Louis-en-l'Ile	33
Reims (de)	12	rue des Sept-Voies	rue des Cholets	45
Reine-Blanche (de la)	12	r. des Foss.-S.-Marcel	rue Mouffetard	46
Rempart (du)	2	rue Saint-Honoré	rue Richelieu	6
Renard (du)	5	rue Saint-Denis	r. des Deux-Portes	20
Renard (du)	7	rue de la Verrerie	rue Neuve-S.-Merri	25
Reuilly (de)	8	r. du Faub. S.-Antoine	barrière de Reuilly	32

Rues	Arr.	Commence	Finit	Qrs
Révolte (de la)	1	Champs-Elysées	r. du Faub. du Roule	2
Ribouté	2	rue Bleue	place Montholon	8
Richer	2	r. du Faub. Poissonn.	r. du Faub. Montmartre	8
Richelieu	2	rue Saint-Honoré	boulev. Montmartre	6
Richepanse	1	rue Saint-Honoré	rue Duphot	3
Rivoli (de)	1	rue de Rohan	rue Saint-Florentin	4
Roch (Saint-)	3	rue Poissonnière	rue du Gros-Chenet	10
Rochechouart	2	rue Montholon	barr. Rochechouart	8
Rochefoucault (de la)	2	rue Saint-Lazare	barrière Montmartre	5
Rocher (du)	1	rue de la Pépinière	brarière de Monceaux	1
Rohan (de)	1	rue de Rivoli	rue Saint-Honoré	4
Rohan (de)	11	rue du Jardinet	cour du Commerce	42
Roi-de-Sicile (du)	7	rue des Ballets	r. Vieille-du-Temple	27
Roi-Doré (du)	8	r. S.-Louis-au-Marais	rue Saint-Gervais	29
Romain (Saint-)	10	rue de Sèvres	r. du Cherche-Midi	38
Rome (de)	1	rue de Stockholm	place de l'Europe	1
Roquépine	1	rue d'Astorg	r. de la Ville-l'Evêque	1
Roquette (de la)	8	place de la Bastille	rue de la Muette	31
Rosiers (des)	7	rue des Juifs	r. Vieille-du-Temple	27
Rotonde (de la)	6	marché du Temple	rue de Vendôme	24
Rougemont	2	boulev. Poissonnière	rue Bergère	8
Roule (du)	4	rue Béthizy	rue Saint-Honoré	13
Roule (du Faub. du)	1	rue d'Angoulême	barrière du Roule	1
Rousselet S.-Germain	10	rue Plumet	rue de Sèvres	38
Rousselet Ch.-Elysées	1	rue du Colysée	avenue Matignon	2
Royale	1	place de la Concorde	rue Saint-Honoré	2
Royale	8	rue Saint-Antoine	place Royale	29
Royale	6	marché Saint-Martin	cour Saint-Martin	22
Rumfort	1	rue Lavoisier	rue de la Pépinière	1

S.

Rues	Arr.	Commence	Finit	Qrs
Sabin (Saint-)	8	rue d'Aval	rue du Chemin-Vert	30
Sabot (du)	10	petite rue Taranne	rue du Four	37
Saintonge (de)	6	rue de Bretagne	boulev. du Temple	24
Saints-Pères (des)	10	quai Voltaire	rue de Grenelle	40
Salle-au-Comte	6	rue Saint-Magloire	rue aux Ours	23
Samson	5	rue de Bondy	rue des Marais	18
Santé (de la)	12	champ des Capucins	boulev. S.-Jacques	48
Sartine (de)	4	rue de Viarmes	rue Coquillière	16
Saunerie (de a)	4	quai de la Mégisserie	r. S.-Germ.-l'Auxerr.	14
Saussayes (des)	1	r. du Faub. S.-Honoré	rue de Surène	1
Sauveur (Saint-)	5	rue Saint-Denis	rue Montorgueil	20
Savonnerie (de la)	6	r. S.-Jacq.-la-Bouch.	rue de la Heaumerie	21
Savoye (de)	11	r. Pavée-S.-André	r. des Gr.-Augustins	42

Rues	Arr.	Commence	Finit	Qrs
Scipion (de)	12	rue du Fer-à-Moulin	r. des Fr.-Bourgeois	36
Sébastien (Saint-)	8	rue Saint-Pierre	rue Popincourt	30
Seine (de	10, 11	quai Malaquais	rue de Tournon	37
Sentier (ou)	3	rue Saint-Roch	boulev. Montmartre	10
Sept-Voies (des)	12	r. du Mont-S.-Hilaire	r.S.-Etienne-des-Grés	45
Serpente	11	rue de la Harpe	rue Hautefeuille	42
Servandoni	11	rue Palatine	rue de Vaugirard	41
Severin (Saint-)	11	rue Saint-Jacques	rue de la Harpe	43
Sèvres (de)	10	carr. de la Cr.-Rouge	barrière de Sèvres	38
Simon-le-Franc	7	rue Sainte-Avoye	rue Beaubourg	27
Singes (des)	7	r. Ste-Cr.-de-la-Bret.	r. des Bl.-Manteaux	26
Soly (de)	3	rue de la Jussienne	r. des Vieux-August.	12
Sorbonne (de)	11	rue des Mathurins	place Sorbonne	43
Soufflot	12	place du Panthéon	rue Saint-Jacques	45
Sourdière (de la)	2	rue Saint-Honoré	rue de la Corderie	6
Spire (Saint-)	5	rue des Filles-Dieu	rue Sainte-Foy	19
Stanislas	11	r. N.-D.-des-Champs	boul. Mont-Parnasse	41
Stockholm (de)	1	place de l'Europe	rue de Lisbonne	1
Sully (de)	9	rue Castex	place Morland	36
Surène (de)	1	église de la Madeleine	rue des Saussayes	1

T.

Rues	Arr.	Commence	Finit	Qrs
Tableterie (de la)	4	rue Saint-Denis	r. de la Vlle-Harenger.	15
Tacherie (de la)	7	rue de la Coutellerie	r. Jean-Pain-Mollet	28
Taillepain	7	cloître Saint-Merri	rue Brisemiche	25
Taitbout	2	boulevard des Italiens	rue de Provence	5
Tannerie (de la)	7	pl. de l'Hôtel-de-Ville	rue Planche-Mibray	28
Taranne	10	rue Saint-Benoît	rue des Saints-Pères	37
Temple (du)	6, 7	r. des Vlles-Audriettes	boulevard du Temple	26
Temple (du Faub.du)	5, 6	boulevard du Temple	barrière de Belleville	18
Terres-Fortes (des)	8	rue de la Contrescarpe	rue Moreau	32
Thérèse	2	rue Sainte-Anne	rue Ventadour	6
Thévenot	5	rue Saint-Denis	rue du Petit-Carreau	20
Thibault-aux-Dez	4	r. S.-Germ.-l'Auxerr.	rue des Deux-Boules	14
Thiroux	1	r. Ne-des-Mathurins	rue Saint-Nicolas	3
Thomas-d'Aquin (S.-)	10	rue du Bac	pl. S.-Thomas-d'Aq.	10
Thomas (Saint-)	11	rue Saint-Jacques	rue d'Enfer	43
Thomas-du-Louv. (S)	1	rue du Carrousel	place du Palais-Royal	4
Thorigny	8	rue du Parc-Royal	rue Saint-Anastase	29
Tiquetonne	5	rue Montorgueil	rue Montmartre	11
Tirechappe	4	rue Béthizy	rue Saint-Honoré	13
Tiron	7	rue Saint-Antoine	r. du Roi-de-Sicile	27
Tivoli (de)	1	rue de Clichy	place de l'Europe	1
Tixeranderie (de la)	7, 9	place Baudoyer	rue de la Poterie	28

Rues	Arr.	Commence	Finit	Qrs
Tonnellerie (de la)	5, 4	rue Saint-Honoré	r. de la Fromagerie	15
Tour (de la)	6	r. des Foss. du Temple	rue Folie-Méricourt	24
Tour-d'Auvergne (la)	2	rue Rochechouart	rue des Martyrs	8
Tour-des-Dames (la)	2	r. de la Rochefoucault	rue Blanche	5
Touraine (de) S.-G.	11	r. de l'Ec.-de-Médecine	r. Monsieur-le-Prince	42
Touraine (de) Marais	7	rue du Perche	rue de Poitou	26
Tournefort	12	marché aux Veaux	rue Saint-Victor	47
Tournelle (de la)	12	rue de Bièvre	quai de la Tournelle	47
Tournelles (des)	8	rue Saint-Antoine	rue Neuve-S.-Gilles	29
Tournon (de)	11	rue du Petit-Lion	rue de Vaugirard	44
Toustain	11	rue Félibien	rue de Seine	44
Tracy (de)	6	rue du Ponceau	rue Saint-Denis	21
Traînée	3	place Saint-Eustache	rue du Four	11
Transnonain	6, 7	r. Grenier-S.-Lazare	rue Aumaire	23
Traverse	10	rue de Sèvres	rue Plumet	38
Traversière-S.-Ant.	8	quai de la Rapée	r. du Faub. S.-Antoine	33
Traversine	12	rue d'Arras	Mont.-Ste-Geneviève	47
Trévise (de)	2	rue Richer	rue Bleue	8
Tripperet	12	rue de la Clef	rue Gracieuse	47
Triperie (de la)	10	quai d'Orsay	rue de la Pompe	39
Trognon	6	rue de la Heaumerie	rue d'Avignon	23
Trois-Bornes (des)	6	rue Folie-Méricourt	rue Saint-Maur	24
Trois-Chandeliers	11	quai Saint-Michel	rue de la Huchette	43
Trois-Chandelles (des)	8	rue Montgallet	rue de Charenton	52
Trois-Couronn. (des)	6	rue Saint-Maur	barr. des 3 Couronnes	24
Trois-Couronn. (des)	12	rue Mouffetard	carref. S.-Hippolyte	46
Trois-Canettes (des)	9	r. des Deux-Ermites	rue de la Licorne	35
Trois-Frères (des)	2	rue de la Victoire	rue Saint-Lazare	5
Trois-Maures (des)	6	rue des Lombards	rue de la Regnie	23
Trois-Pavillons (des)	8	r. des Fr.-Bourgeois	rue du Parc-Royal	29
Trois-Pistolets (des)	9	rue du Petit-Musc	rue Neuve-S.-Paul	36
Trois-Portes (des)	12	place Maubert	r. de l'Hôtel-Colbert	43
Trois-Sabres (des)	8	r. des Quatre-Chemins	barrière de Reuilly	32
Tronchet	1	rue de la Madeleine	r. de la F. des Mathur.	5
Trouvée	8	rue de Charenton	marché S.-Antoine	52
Trudon	1	rue Boudreau	r. Ne-des-Mathurins	3
Turgot	2	rue Rochechouart	avenue Trudaine	8

U.

Rues	Arr.	Commence	Finit	Qrs
Ulm (d')	12	place du Panthéon	rue des Ursulines	48
Université (de l')	10	r. des Saints-Pères	aven. Labourdonnaie	40
Ursulines (des)	12	rue d'Ulm	rue Saint-Jacques	48

V.

Rues	Arr.	Commence	Finit	Qrs
Val-de-Grâce (du)	12	rue Saint-Jacques	rue de l'Est	48
Valois (de)	1	rue de Rohan	rue Saint-Honoré	4
Valois (de)	2	rue Saint-Honoré	rue Beaujolais	6
Valois (de)	1	rue de Courcelles	barrière de Monceaux	1
Vanneau	10	rue Varennes	rue de Babylone	38
Vannerie (de la)	7	pl. de l'Hôtel-de-Ville	rue Planche-Mibray	28
Vannes	4	rue des Deux-Ecus	rue Viarmes	16
Vannes (Saint-)	6	place Saint-Vannes	rue Saint-Maur	22
Varennes	4	rue des Deux-Ecus	rue de Viarmes	16
Varennes	10	rue du Bac	boul. des Invalides	38
Vaucanson	6	place Saint-Vannes	rue du Vert-Bois	22
Vaugirard (de)	11	r. des Fr.-Bourgeois	barr. de Vaugirard	42
Vavin	11	rue de l'Ouest	r. N.-D.-des-Champs	41
Vendôme (de)	6	rue Charlot	rue du Temple	24
Venise (de)	6	rue Saint-Martin	rue Quincampoix	23
Venise (de)	1	rue de Courcelles	abattoir du Roule	1
Ventadour	2	rue Thérèse	r. Ne-des-Pet.-Champs	6
Verdelet	3	rue J.-J.-Rousseau	rue Coq-Héron	11
Verderet	5	r. de la Gr.-Truanderie	rue Mauconseil	20
Verneuil (de)	10	rue des Saints-Pères	rue de Poitiers	40
Verrerie (de la)	7	marché Saint-Jean	rue Saint-Martin	27
Versailles (de)	12	rue Saint-Victor	rue Traversine	47
Vert-Bois (du)	6	r. du Pont-aux-Biches	rue Saint-Martin	22
Vertus (des)	6	rue des Gravilliers	rue Phélippeaux	22
Viarmes	4	rue Varennes	rue Oblin	16
Victoire (de la)	2	r. du Faub. Montmartre	r. de la Chauss.-d'Ant.	5
Victor (Saint-)	12	rue Copeau	place Maubert	47
Vide-Gousset	3	place des Victoires	rue du Mail	12
Vieilles-Audriettes	7	r. du Grand-Chantier	rue du Temple	26
Vieille-du-Temple	7, 8	rue Saint-Antoine	rue Saint-Louis	27
Vieille-Bouclerie	11	rue de la Huchette	rue de la Harpe	43
Vieille-Draperie (de la)	9	rue de la Cité	pl. du Palais de Justice	35
Vieille-Estrapade	12	place de Fourcy	place de l'Estrapade	45
Vieilles-Etuves (des)	4	rue Saint-Honoré	rue des Deux-Ecus	15
Vieilles-Etuves (des)	7	rue Beaubourg	rue Saint-Martin	28
Vieille-Harengerie	4	r. du Chev.-du-Guet	place Ste-Opportune	15
Vieille-Lanterne	6	rue Saint-Jérôme	vieille pl.-aux-Veaux	25
Vieille-Monnaie (de la)	6	rue des Ecrivains	rue des Lombards	23
Vlle-Place-aux-Veaux	7	rue Planche-Mibray	r. S.-Jacq.-la-Bouch.	28
Vieille-rue-N.-D.	12	rue Censier	rue d'Orléans	46
Vieille-Tannerie	7	r. Vlle Place-aux-Veaux	rue de la Tuerie	28
Vieille-Tuerie (de la)	7	rue Saint-Jérôme	place du Châtelet	28

Rues	Arr.	Commence	Finit	Qrs
Vienne (de)	1	rue du Rocher	place de l'Europe	1
Vierge (de la)	10	rue de l'Université	rue Saint-Dominique	39
Vieux-Augustins (des)	3	rue Coquillière	rue Montmartre	12
Vieux-Colombier (du)	11	place Saint-Sulpice	carr. de la Cr.-Rouge	41
Vieux-Linge (au)	6	rotonde du Temple	rue du Temple	24
Vignes (des)	12	rue du Banquier	boulevard de l'Hôpital	45
Vignes (des)	1	grande rue de Chaillot	avenue de Neuilly	2
Villedot	2	rue de Richelieu	rue Sainte-Anne	6
Ville-Fosse	5	rue de la Chopinette	barrière du Combat	18
Villejuif (de)	12	av. de la barr. d'Ivry	avenue de l'Hôpital	47
Ville-l'Evêque (de la)	1	rue de la Madeleine	rue Verte	1
Villiot	8	quai de la Rapée	rue de Bercy	32
Vinaigriers (des)	5	r. du Faub. S.-Martin	rue Carême-Prenant	18
Vincent-de-Paule (S.)	10	rue du Bac	pl. S.-Thomas-d'Aq.	38
Vingt-neuf-Juillet (du)	1	rue de Rivoli	rue Saint-Honoré	4
Visitation (de la)	10	passage Sainte-Marie	rue de Grenelle	40
Vivienne	2, 3	rue Beaujolais	boulevard Montmartre	7
Voirie (de la)	5	r. du Faub. S.-Denis	r. du Ch. de la Chapelle	17
Voirie (de la) Roule	1	rue des Grésillons	rue Maison-Neuve	1
Voirie (de la)	8	rue Popincourt	rue Ménilmontant	30
Voltaire	11	r. Monsieur-le-Prince	place de l'Odéon	41
Vrillère (de la)	4	r. Cr.-des-P.-Champs	rue de la Feuillade	16

Z.

Zacharie	11	rue de la Huchette	rue Saint-Severin	43

CARREFOURS.

Carrefours	Arr.	Quartiers
Abbaye-Saint-Germain (de l')	10	Monnaie, Luxembourg
Batailles (des)	1	Champs-Elysées
Benoît (Saint-)	10	Monnaie
Béthisy (de)	4	Louvre, Saint-Honoré
Braque (de)	12	Observatoire
Bussy (de)	10, 11	Monnaie, Ecole de Médecine
Carmes (des)	12	Saint-Jacques
Cheminées (des Quatre)-	2	Palais-Royal
Clamart (de)	12	Saint-Marcel
Croix-Rouge (de la)	10, 11	Saint-Thomas-d'Aquin
Descartes	12	Jardin-du-Roi
Echarpe (de l')	8	Marais

Carrefours	Arr.	Quartiers
Filles-du-Calvaire (des)	6, 7, 8	Temple, Mont-de-Piété, Marais
Gaillon	2	Feydeau
Guillery	7	Arcis
Hippolyte (Saint-)	12	Saint-Marcel
Jouy (de)	7, 9	Marché Saint-Jean, Hôtel-de-Ville
Limace (de la)	4	Saint-Honoré
Mandé (Saint-)	2	Feydeau
Médard (Saint-)	12	Saint-Marcel, Observatoire
Moulins (butte des)	12	Palais-Royal
Odéon (de l')	11	Ecole de Médecine, Luxembourg
Petits-Pères (des)	3	Mail
Pitié (de la)	12	Jardin-du-Roi
Pologne (de la)	1	Place Vendôme, Roule
Porcherons (des)	2	Faubourg Montmartre
Reuilly (de)	8	Quinze-Vingts
Saint-Marc	2	Feydeau
Sartine	3, 4	Saint-Eustache, Banque
Saunier	2	Faubourg Montmartre
Sulpice (Saint-)	11	Luxembourg
Victor (Saint-)	12	Jardin-du-Roi
Ville-l'Evêque (de la)	1	Roule

COURS ET PASSAGES.

Cours et passages	Arr.	Tenans	Aboutissans
Abbaye Saint-Martin	6	Cloître Saint-Martin	cour Saint-Martin
Académie de Vendeuil	11	r. du Vieux-Colombier	rue des Canettes
Aguesseau (marché d')	1	boul. de la Madeleine	rue de ce nom
Albret (cour d')	12	rue des Sept-Voies	
Aligre (d')	4	rue Bailleul	rue Saint-Honoré
Amsterdam (cour d')	1	rue Saint-Lazare	
Ancre (de l')	6	rue Saint-Martin	rue Bourg-l'Abbé
Anne (Sainte-)	3	rue Sainte-Anne	passage Choiseul
Antin (cité d')	3	rue de Provence	r. de la Chaussée-d'Antin
Antoine (du Petit-S.-)	7	rue Saint-Antoine	rue du Roi-de-Sicile
Antoine (du Faub. S.-)	8	r. du Faub. S.-Antoine	rue de Montreuil
Arcade (de l')	1	place de la Madeleine	rue de l'Arcade
Arsenal (de l')	9	r. Neuve-de-l'Orme	rue du Petit-Musc
Aubert	5	rue Sainte-Foy	rue Saint-Denis
Aumaire	6	rue Aumaire	rue Bailly
Avoye (Ste)	7	rue Sainte-Avoye	passage Pecquay
Barnabites (des)	9	rue de la Calandre	pl. du Palais-de-Justice
Baring (cour)	1	rue Saint-Lazare	
Basfour	6	rue Saint-Denis	rue Grenetat

Cours et passages	Arr.	Tenans	Aboutissans
Batave (de la cour)	6	rue Saint-Denis	impasse de Venise
Batave	6	impasse de Venise	rue Saint-Denis
Bazar de l'Industr.(du)	2	rue Montmartre	boulevard Poissonnière
Beaucourt	1	r. du Faub. du Roule	
Beaufort	6	impasse Beaufort	rue Quincampoix
Beaujolais	2	rue Beaujolais	rue Richelieu
Beauvilliers	2	rue Montpensier	rue Richelieu
Benoît (Saint-)	10	place de l'Abbaye	rue Saint-Benoît
Benoît (Saint-)	11	rue Saint-Jacques	rue de Sorbonne
Bergère (cité)	2	rue Bergère	r. du Faub. Montmartre
Bergère (galerie)	2	r. de la Boule-Rouge	rue Geoffroy-Marie
Berryer (cité)	1	place de la Madeleine	
Bernardins(cloît. des)	12	marché aux Veaux	rue des Bernardins
Biette	6	rue Ménilmontant	rue de Crussol
Bleus (cour des)	6	rue Grenétat	rue Saint-Denis
Bois de Boulogne (du)	5	rue du Faub. S.-Denis	boulevard Saint-Denis
Bons-Enfans (des)	2	rue de ce nom	cour des Fontaines
B.-Enfans (de la r. Ne)	2	rue de ce nom	rue Beaujolais
Bons-Enfans (des)	2	rue de Valois	rue des Bons-Enfans
Boufflers	2	rue de Choiseul	boulevard des Italiens
Boucherie (de la Pet.-)	10	rue de l'Abbaye	place Ste-Marguerite
Boulainvilliers	10	rue du Bac	rue de Beaune
Boule-Blanche (de la)	8	r. du Faub. S.-Antoine	rue de Charenton
Bourg-l'Abbé	6	rue de ce nom	rue Saint-Denis
Bourgogne (cour de)	8	rue Sainte-Marguerite	
Brady	5	r. du Faub. S.-Martin	r. du Faub. S.-Denis
Briare	2	rue Neuve-Coquenard	rue Rochechouart
Brière	8	r. du Faub. S.-Antoine	rue de Montreuil
Café de Foi (du)	2	rue Montpensier	rue Richelieu
Café de Malte (du)	6	boulevard S.-Martin	rue Saint-Martin
Caire (du)	5	rue Saint-Denis	place du Caire
Catherine (Sainte-)	5	rue Saint-Denis	rue de Cléry
Cendrier	1	r. Ne-des-Mathurins	rue Basse-du-Rempart
Cerf (du Grand)	5	rue du Ponceau	rue Saint-Denis
Cerf (de l'anc. Grand)	6	r. des 2 Port. S.-Sauv.	rue Saint-Denis
César	10	r. S.-Dominique-S.-G	r. de Grenelle-S.-G.
Chaise (de la)	10	rue Planche-Mibray	r. S.-Jacq.-la-Boucherie
Chantiers (cour des)	6	rue Guérin-Boisseau	
Chantier de l'Ecu (du)	1	rue Ne-des-Mathurins	rue Basse-du-Rempart
Chantier de Tivoli	1	rue Saint-Lazare	rue Saint-Nicolas
Chapelle (de la (Ste-)	11	rue de la Barillerie	rue de Nazareth
Chaptal (cour)	1	rue du même nom	
Chariot-d'Or (du)	6	rue Grenetat	rue du Grand-Hurleur
Charlemagne (de)	9	rue Saint-Antoine	r. des Prêtres-S.-Paul
Charnier-des-Innocens	4	rue Saint-Denis	rue de la Lingerie
Charost (du Pt-Hôtel)	3	r. des Vieux-Augustins	rue Montmartre

Cours et passages	Arr.	Tenans	Aboutissans
Chartres (de)	2	Palais-Royal	
Chartreux (des)	5	rue de la Tonnellerie	rue Traînée
Chaume (du)	7	rue du Chaume	passage Pecquay
Chaumont (Saint-)	6	rue du Ponceau	rue Saint-Denis
Chevajoux	8	r. du Faub. S.-Antoine	rue de Montreuil
Cheval-Blanc (du)	6	rue Saint-Martin	rue du Ponceau
Cheval-Blanc (du)	8	r. du Faub. S.-Antoine	rue de la Roquette
Cheval-Rouge (du)	6	rue Saint-Martin	rue du Ponceau
Choiseul	1, 2	r. Ne-des-Pet.-Champs	r. Neuve-S.-Augustin
Cholets (des)	12	rue Saint-Jacques	rue des Cholets
Cité ou Prado-Cité	9	rue de la Vlle-Draperie	rue de la Barillerie
Cloître-S.-Honoré (du)	4	r. C.-des-Pet.-Champs	rue des Bons-Enfans
Cl. S.-Jacq.-l'Hôpital	5	rue du Cygne	rue Mauconseil
Clos-Païen (du)	12	boulev. de la Glacière	rue des Petits-Champs
Cluny	11	place Sorbonne	rue des Grès
Coches (des)	1	r. du Faub. S.-Honoré	rue de Surêne
Colbert	5	r. Ne-des-Pet.-Champs	rue Vivienne
Comédie (de la)	2	rue Saint-Honoré	rue Richelieu
Commerce (du)	6	cour du Puits de Rome	rue Phélippeaux
Commerce (du)	11	rue S.-André-des-Arts	r. de l'Ecole-de-Médecine
Commerce (cour du)	1	r. du Faub. du Roule	rue d'Angoulême
Comptes (cour des)	11	cour de la Ste-Chapelle	cour du Palais
Corderie (cour de la)	6	rue du Petit-Thouars	
Cour du Puits de Rome	6	imp. du Puits de Rome	rue des Gravilliers
Couronne-d'Or (de la)	4	rue Tirechappe	rue des Bourdonnais
Croix (Sainte-)	7	impasse Sainte-Croix	r. Ste-Cr.-de-la-Bretonn.
Croix-Blanche (de la)	6	rue Saint-Denis	rue Bourg-l'Abbé
Crussol	6	rue Ménilmontant	rue de Crussol
Dames-Saint-Gervais	7	r. des Fr.-Bourgeois	rue des Rosiers
Damois	8	rue Saint-Antoine	rue d'Aval
Dauphine	10	rue Dauphine	rue Mazarine
Delahaye (cour)	1	rue de Chaillot	
Delessert	5	rue de l'Ecluse	r. du Canal-S.-Martin
Delorme (galerie)	1	rue de Rivoli	rue Saint-Honoré
Denis (Saint-)	6	rue Grenétat	rue Saint-Denis
Désir (du)	5	r. du Faub. S.-Martin	r. du Faub. S.-Denis
Désirabode	2	rue des Bons-Enfans	rue de Valois
Domaine (du)	4	rue du Bouloy	rue Coquillière
Douze-Maisons (des)	1	allée des Veuves	rue Marbeuf
Dragon (cour du)	10	carrefour S.-Benoît	rue du Dragon
Droits-Réunis	5	r. du Faub. du Temple	
Ecuries (des Petites-)	5	r. du Faub S.-Denis	r. des Petites-Ecuries
Empereur (de l')	4	r. de la Vlle-Harenger.	rue Saint-Denis
Etoile (cour de l')	5	impasse de l'Etoile	rue du Petit-Carreau
Eustache (de Saint-)	3	église Saint-Eustache	rue Montmartre
Fermes (de l'Hôt. des)	4	r. de Grenelle S.-Hon.	rue du Bouloy

Cours et passages	Arr.	Tenans	Aboutissans
Flore (de)	9	place du Palais	quai aux Fleurs
Fontaines (cour des)	2	rue des Bons-Enfans	rue de Valois
Foy	2	r. de la Chaus.-d'Antin	rue Taitbout
Foy (Sainte-)	5	rue des Filles-Dieu	place du Caire
François Ier (de)	6	rue du Ponceau	rue Saint-Denis
Frépillon	6	rue Phélippeaux	passage du Commerce
Gaillard	1	rue Marbeuf	allée des Veuves
Genty	8	rue de Bercy	quai de la Rapée
Graine (de la Bonne-)	8	r. du Faub. S.-Antoine	
Grammont	1	rue de Clichy	rue de Berlin
Grillé	1	rue Basse-du-Rempart	r. Ne-des-Mathurins
Guillaume (Saint-)	2	rue Richelieu	rue Traversière
Guillaume (cour Saint-)	2	rue Neuve-Coquenard	
Harlay (cour de)	11	Palais-de-Justice	rue de Harlay
Henri IV	2	rue des Bons-Enfans	cour des Fontaines
Hilaire (cour Saint-)	2	rue Neuve-Coquenard	
Honoré (Saint-)	2	rue de la Sourdière	rue Saint-Honoré
Hôtel-Tachou	9	Marché-Neuf	rue de la Calandre
Hulot	2	rue Montpensier	rue Richelieu
Hyacinthe (Saint-)	11	rue de ce nom	rue S.-Thomas-d'Enfer
Industrie (de l')	5	r. du Faub. S.-Martin	rue du Faub. S.-Denis
Jabach	7	rue Neuve-S.-Merri	rue Saint-Martin
Jacques-la-Bouch. (S.)	6	marché S.-Jacq.-la-B.	rue du même nom
Jean-Bart	4	quai de la Mégisserie	r. S. Germain-l'Auxerr.
Jean-de-Latran (S.)	1	r. S.-Jean-de-Beauvais	place Cambrai
Jeu-de-Boule (du)	6	r. des Fossés-du-Tem.	rue de Malte
Juiverie (cour de la)	8	r. Contrescarpe-S.-A.	
Jussienne (de la)	5	rue Montmartre	rue de la Jussienne
Lafayette	6	rue de Ménilmontant	rue des Trois-Bornes
Laffitte	2	rue Laffitte	rue Lepelletier
Laffitte et Caillard	4	rue Saint-Honoré	rue de Grenelle
Lamoignon (cour)	11	quai de l'Horloge	cour de Harlay
Laurette	11	rue N.-D.-des-Champs	rue de l'Ouest
Lemoine	6	pass. de la Long.-All.	rue Saint-Denis
Lepelletier	2	rue Lepelletier	rue Grange-Batelière
Longue-Allée (de la)	6	rue du Ponceau	rue Neuve-Saint-Denis
Louis (Saint-)	9	rue Saint-Paul	église S.-Paul-S.-Louis
Louis (cour Saint-)	8	r. du Faub. S.-Antoine	rue Louis-Philippe
Louis (Saint-)	1	rue de la Pépinière	place Laborde
Luxembourg (du)	11	r. N.-D.-des-Champs	rue de l'Ouest
Lycée (du)	2	rue des Bons-Enfans	rue de Valois
Madeleine (de la)	9	rue de la Licorne	rue de la Cité
Madeleine (de la)	1	place de la Madeleine	rue de l'Arcade
Magloire (Saint-)	6	rue Saint-Denis	impasse Saint-Magloire
Main-d'Or (cour de la)	8	r. du Faub. S.-Antoine	
Malte (cour de)	2	r. de la Font.-Molière	cour Saint-Guillaume

Cours et passages	Arr.	Tenans	Aboutissans
Mancel (cour)	1	rue de la Pépinière	
Manége (du)	10	rue de Vaugirard	rue du Cherche-Midi
Marchand	4	rue Saint-Honoré	cloître Saint-Honoré
Marché des Patriarch.	12	rue d'Orléans	rue Mouffetard
Marché (du)	12	rue Mouffetard	rue des Postes
Marie (Sainte-)	10	rue du Bac	rue de Grenelle
Marie (Sainte-)	1	rue de Lubeck	rue des Batailles
Marie (Ste) Popincourt	8	rue de Charonne	passage Thierré
Marie (Petite-Sainte-)	10	grand pass. Ste-Marie	rue de Grenelle
Marmite (de la)	6	rue des Gravilliers	imp. du Puits-de-Rome
Martin (Saint-)	6	rue du Marché	rue Royale
Maur (Saint-)	10	rue du Cherche-Midi	rue de Vaugirard
Messageries (des)	3	rue Montmartre	r. N.-D.-des-Victoires
Miracles (cour des)	5	impasse de l'Etoile	rue Damiette
Miracles (des)	8	imp. Jean-de-Beauce	rue des Tournelles
Miracles (cour des)	8	rue de Reuilly	
Moineaux (des)	2	rue des Moineaux	rue d'Argenteuil
Molière	6	rue Saint-Martin	rue Quincampoix
Mont-de-Piété (du)	7	rue des Blancs-Mant.	rue de Paradis
Montesquieu	4	cloître Saint-Honoré	rue Montesquieu
Montpensier	2	rue de ce nom	rue Richelieu
Montreuil	8	r. du Faub. S.-Antoine	rue de Montreuil
Navarin	2	rue Saint-Lazare	rue de Paris
Nemours (cour de)	2	rue Saint-Honoré	2e cour du Palais-Royal
Noir (Le)	2	r. N.-des-Bons-Enfans	rue de Valois
Noyers (des)	12	rue de ce nom	rue Saint-Jacques
Offices (des)	2	rue Saint-Honoré	1re cour du Palais-Royal
Ouest (de l')	11	r. N.-D.-des-Champs	rue de l'Ouest
Opéra (de l')	2	boulev. des Italiens	rue Pinon
Orléans (cité d')	5	boulevard Saint-Denis	porte Saint-Denis
Orléans (d')	1	rue Saint-Lazare	r. de la Chauss.-d'Antin
Palais-de-Justice	11	rue de la Barillerie	cour de Harlay
Panier-Fleuri (du)	4	imp. des Bourdonnais	rue Tirechappe
Panorama (du Petit-)	2	rue Saint-Marc	grande galerie
Panoramas (des)	2	rue Saint-Marc	boulevard Montmartre
Pavillons (des)	1, 2	r. N.-des-Petits-Ch.	rue Beaujolais
Pecquay	7	rue du Chaume	impasse Pecquay
Pellechet (cour)	10	rue du Bac	
Perron (du)	2	Palais-Royal	rue Beaujolais
Petits-Pères (des)	3	r. N.-D.-des-Victoires	r. N.-des-Petits-Champs
Philibert	6	r. du Faub. du Temple	rue de Lorillon
Philippe (Saint-)	1	r. du Faub. du Roule	rue de Courcelles
Pierre (Saint-)	9	rue Saint-Paul	rue Saint-Antoine
Pierre (Saint-)	7	rue de la Tacherie	rue des Arcis
Pompe (de la)	4	passage Marchand	rue Saint-Honoré
Pompe-à-Feu (de la)	1	Grande-r.-de-Chaillot	place de la Conférence

Cours et passages	Arr.	Tenans	Aboutissans
Ponceau (du)	6	rue du Ponceau	rue Saint-Denis
Pont-Neuf (du)	10	rue Mazarine	rue de Seine
Popincourt	8	rue Popincourt	rue Neuve-Popincourt
Prix-Fixe (du)	2	rue Richelieu	rue Montpensier
Prouvaires (des)	4	rue de la Tonnellerie	rue des Prouvaires
Puteaux	1	rue de la Madeleine	rue Saint-Lazare
Quinze-Vingts (des)	1	rue Saint-Honoré	rue Saint-Louis
Radziwill	2	rue N.-des-B.-Enfans	rue de Valois
Reine-de-Hongrie	3	rue Montorgueil	rue Montmartre
Retiro (du)	1	r. du Faub. S.-Honoré	rue de Surêne
Réunion (de la)	7	impasse des Anglais	rue Saint-Martin
Richer (galerie)	2	rue Geoffroy-Marie.	rue Richer.
Roch (Saint-)	2	rue Saint-Honoré	rue d'Argenteuil
Rohan (cour de)	11	rue du Jardinet	passage du Commerce
Saint-Joseph (cour)	8	rue de Charonne	
Saucède	6	rue Bourg-l'Abbé	rue Saint-Denis
Saumon (du)	3	rue Montorgueil	rue Montmartre
Saunier	2	rue Richer	rue Bleue
Singes (des)	7	rue Vieille-du-Temple	rue des Singes
Sœurs (cour des Deux-)	2	rue du F. Montmartre	rue Coquenard
Sœurs (cour des Deux-)	9	rue de Charonne	
Soleil-d'Or (du)	1	rue du Rocher	rue d'Anjou S.-Honoré
Sourdière (de la)	2	rue de la Sourdière	rue Neuve-Saint-Roch
Tivoli	1	rue Saint-Lazare	rue de Londres
Thierré	8	impasse Sainte-Marie	rue de la Roquette
Treille (de la)	4	rue Chilpéric	r. des Foss.-S.-G.-l'Aux.
Treille (de la)	10, 11	marché S.-Germain	rue des Boucheries
Trinité (de la)	6	rue Grenetat	rue Saint-Denis
Valence	12	rue Mouffetard	rue Pascal
Valois	2	rue de Valois	rue de Chartres
Variétés (des)	2	Palais-Royal	rue Saint-Honoré
Vendôme	6	rue de Vendôme	boulevard du Temple
Venise	6	rue Quincampoix	cour Batave
Véro-Dodat (galerie)	4	r. de Grenelle-S.-Hon.	rue du Bouloy
Violet	3	rue Hauteville	r. du Faub. Poissonnière
Vigan (du)	3	rue des Fossés-Mont.	rue des Vieux-Augustins
Ville-l'Evêque (de la)	1	rue de l'Arcade	rue de Surène
Virginie (de)	2	rue Saint-Honoré	Palais-Royal
Vivienne (galerie)	2	r. N.-des-P.-Champs	rue Vivienne
Washington (de)	4	rue de la Bibliothèque	rue du Chantre
Zacharie	11	rue Zacharie	rue Saint-Séverin

PLACES.

Places	Arr.	Quartiers	Situation
André-des-Arts (S.-)	11	Ecole-de-Médecine	rue S. André-des-Arts
Angoulême (d')	6	Temple	r. des Fossés-du-Temple
Arianne	5	Montorgueil	r. Gr. et Petite-Truand.
Arsenal (de l')	9	Arsenal	en face l'Arsenal
Bastille (de la)	7, 9	Marais	boulevard Beaumarchais
Baudoyer	7, 9	Hôtel-de-Ville	rue Saint-Antoine
Beauveau	1	Roule	rue du Faub. S.-Honoré
Beauveau (du marché)	8	Quinze-Vingts	r. du Faub. S.-Antoine
Bellechasse	10	Saint-Germain	rue Saint-Dominique
Bertin-Poirée	4	Louvre	quai de la Mégisserie
Biragues	8, 9	Marais et Arsenal	rue Saint-Antoine
Boucherie (de la)	6	des Lombards	rue des Ecrivains
Bourbon (du Palais-)	10	Invalides	rue de l'Université
Bourse (de la)	2	Feydeau	rue Feydeau
Breteuil	11	Invalides	près les Invalides
Breda	2	Chaussée-d'Antin	rue Breda
Caire (du)	5	Bonne-Nouvelle	rue Bourbon-Villeneuve
Cambrai	12	Saint-Jacques	rue Saint-Jacques
Carré-S.-Etienne (du)	12	Saint-Jacques	vis-à-vis Saint-Etienne
Carrousel (du)	1	Tuileries	vis-à-vis les Tuileries
Catherine (Sainte-)	8	Marais	rue Jarente
Champ-des-Capucins	12	Observatoire	rue du Faub. S.-Jacques
Chantre	4	Louvre	rue du Chantre
Châtelet (du)	4, 7	Louvre et Arcis	en face le Pont-au-Chan.
Chevalier-du-Guet (du)	4	Louvre	r. du Chevalier-du-Guet
Chevaux (Mar.-aux-)	12	Saint-Marcel	boulevard de l'Hôpital
Cloître-S.-Benoît (du)	11	Ecole-de-Médecine	rue de Sorbonne
Cloître-S.-Marcel (du)	12	Saint-Marcel	rue Mouffetard
Cloître-Ste-Opportune	4	la Halle	rue des Fourreurs
Collégiale (de la)	12	Saint-Marcel	rue Pierre-Lombard
Concorde (de la)	1	Champs-Elysées	en face le pont
Conférence (de la)	1	Champs-Elysées	en face la pompe à feu
Corderie (de la)	6	du Temple	enclos du Temple
Croix (Sainte-)	2	Chaussée-d'Antin	rue Neuve-Sainte-Croix
Cr.-du-Trahoir (de la)	4	Saint-Honoré	rue de l'Arbre-Sec
Dauphine	11	Palais-de-Justice	place du Pont-Neuf
Dupleix	10	Invalides	barrière de Grenelle
Ecole (de l')	4	Louvre	quai de l'Ecole
Ecole-de-Méd. (de l')	11	Ecole-de-Médecine	rue de ce nom
Estrapade (de l')	12	S. Jacq. et Observat.	rue des Postes
Etoile (de l')	1	Champs-Elysées	barrière de l'Etoile
Europe (de l')	1	Chaussée-d'Antin	rue de Londres
Eustache (Saint-)	3	Saint-Eustache	en face l'église

Places	Arr.	Quartiers	Situation
Favart ou Italiens	2	Feydeau	r. Grétry et Marivaux
Fidélité (de la)	5	Faubourg Saint-Denis	près Saint-Laurent
Fontenoy	10	Invalides	derrière l'Ecole-Militaire
François Ier	1	Champs-Elysées	rue Jean-Goujon
Gastine	4	la Halle	rue Saint-Denis
Germain-l'Aux. (S.-)	4	Louvre	vis-à-vis l'église
Germ.-des-Prés (S.-)	10	Monnaie	vis-à-vis l'église
Hôpital (de l')	12	Saint-Marcel	rue Poliveau
Hôpital (de l') S.-Ant.	8	Faubourg S.-Antoine	rue du Faubourg
Hôtel-de-Ville (de l')	7, 9	Arcis et Hôtel-de-Ville	quai Pelletier
Innocens (des)	4	la Halle	rue Saint-Denis
Invalides (des)	10	Invalides	en face l'Hôtel
Jean (anc. marché S.-)	7	Marché Saint-Jean	rue Regnault-Lefèvre
Lafayette	5	Faub. Poissonnière	rue Hauteville
Laurent (Saint-)	5	Faubourg Saint-Denis	enclos Saint-Laurent
Légat (du)	4	la Halle	halle aux Draps
Louvre (du)	4	Louvre	vis-à-vis le Louvre
Madeleine (de la)	1	Place Vendôme	boulevard des Italiens
Marguerite (Sainte-)	8	Faubourg S.-Antoine	rue Saint-Bernard
Marguerite (Sainte-)	10	Monnaie	r. Ste-Marguerite-S.-G.
Matignon	1	Champs-Elysées	avenue de Neuilly
Maubert	12	Saint-Jacques	rue Galande
Mazas	8	Quinze-Vingts	quai de la Rapée
Michel (Saint-)	11	Ecole-de-Médecine	rue d'Enfer
Montholon	2	Faubourg Montmartre	rue Montholon
Morland	9	Arsenal	quai des Célestins
Musée (du)	4	Louvre	vis-à-vis le Musée
Nicolas (Saint-)	6	S. Martin-des-Champs	rue Aumaire
Odéon	11	Ecole-de-Médecine	vis-à-vis le théâtre
Opportune (Sainte-)	4	Saint-Honoré	rue des Fourreurs
Oratoire (de l')	4	Louvre	place du Louvre
Palais-de-Justice (du)	9	Palais-de-Justice	rue de la Barillerie
Palais-Royal (du)	1, 4	Tuileries et S.-Honoré	rue Saint-Honoré
Panthéon	12	Saint-Jacques	en face du Panthéon
Parvis-Not.-Dame (du)	9	Cité	vis-à-vis Notre-Dame
Petit-Pont (du)	9	Cité	au bas du Petit-Pont
Petits-Pères (des)	5	Mail	en face l'église
Pointe-Saint-Eustache	5	Saint-Eustache	au bas de la r. Montmartre
Pont-S.-Michel (du)	11	Sorbonne	en face le pont
Pont-Neuf (du)	11	Palais-de-Justice	milieu du pont
Puits-de-l'Ermite (du)	12	Jar. du Roi, S.-Marcel	r. du Puits-de-l'Ermite
Richelieu	2	Feydeau	rue Richelieu
Rivoli	1	Tuileries	rue de Rivoli
Rotonde-du-Temple	6	Temple	rue du Forez
Royale	8	Marais	rue Royale
Saint-Georges	2	Chaussée-d'Antin	rue Neuve-S.-Georges

Places	Arr.	Quartiers	Situation
Saint-Marcel	12	Saint-Marcel	rue de ce nom
S.-Thomas-d'Aquin	10	Faub. Saint-Germain	rue S.-Thomas-d'Aquin
Scipion	12	Saint-Marcel	rue Scipion
Sorbonne	11	Sorbonne	rue Neuve-Richelieu
Sulpice (Saint-)	11	Luxembourg	en face l'église
Temple (du)	6	Temple	rue du Temple
Trois-Maries (des)	4	Louvre	en face le Pont-Neuf
Trône (du)	8	Faubourg S.-Antoine	barrière de ce nom
Vannes (Saint-)	6	S. Martin-des-Champs	rue Saint-Vannes
Vauban	10	Invalides	derrière les Invalides
Veaux (aux)	12	Jardin-du-Roi	quai de la Tournelle
Veaux (Vieille-Pl.-aux)	7	Arcis	rue Planche-Mibray
Vendôme	1, 2	Pl.-Vend., Pal.-Roy.	r. de la Paix et S.-Hon.
Victoires (des)	3, 4	Mail, Banq. de France	r. Croix-des-P.-Champs
Walhubert	12	Jardin-du-Roi	en face le Jardin

IMPASSES.

Impasses	Arr.	Quartiers	Situation
Amboise (d')	12	Saint-Jacques	place Maubert
Androlas (d')	12	Saint-Marcel	rue Mouffetard
Anglais (des)	7	Sainte-Avoye	rue Beaubourg
Antin (de l'Allée d')	1	Champs-Elysées	allée d'Antin
Argenson (d')	7	Marché Saint-Jean	rue Vieille-du-Temple
Argenteuil (d')	1	Roule	rue du Rocher
Aumont (d')	7	Hôtel-de-Ville	rue de l'Hôtel-de-Ville
Babillards (des)	3	Faub. Poissonnière	boulev. Bonne-Nouvelle
Bassins (des)	1	Champs-Elysées	rue de Chaillot
Bastille (de la Petite-)	4	Louvre	rue de l'Arbre-Sec
Baudin	1	Roule	rue Saint-Lazare
Baudroierie (de la)	7	Sainte-Avoye	rue de la Corroierie
Bayard	10	Invalides	rue Bayard
Beaufort	6	Lombards	rue Salle-au-Comte
Benoît (Saint-)	7	Arcis	rue de la Tacherie
Bernard (Saint-)	8	Faubourg S.-Antoine	rue Saint-Bernard
Berthaud	7	Sainte-Avoye	rue Beaubourg
Billettes (des)	7	Marché Saint-Jean	rue des Billettes
Bizet	1	Roule	rue Saint-Lazare
Blanchisseuses (des)	1	Saint-Jacques	rue des Sept-Voies
Bœuf (du)	7	Sainte-Avoye	rue Neuve-Saint-Merri
Bœufs (des)	12	Saint-Jacques	rue des Sept-Voies
Bon-Puits (du)	12	Saint-Jacques	rue Traversine
Bouquet des Ch. (du)	1	Champs-Elysées	rue de Longchamps
Bourdonnais (des)	4	Saint-Honoré	rue des Bourdonnais

Impasses	Arr.	Quartiers	Situation
Bouteille (de la)	3	Saint-Eustache	rue Montorgueil
Bouvart	12	Saint-Jacques	mont Saint-Hilaire
Brasserie (de la)	2	Palais-Royal	rue Traversière
Briare (de)	2	Faub. Montmartre	rue Rochechouart
Brutus	2	Faub. Montmartre	rue Coquenard
Cargaisons (des)	9	Cité	rue de ce nom
Carmélites (des)	12	Observatoire	rue Saint-Jacques
Cassini (de)	12	Observatoire	rue Cassini
Catherine (Sainte-)	6	Porte Saint-Denis	rue Saint-Denis
Cendrier	1	Place Vendôme	passage Cendrier
Charbonniers (des)	8	Quinze-Vingts	rue des Charbonniers
Chat-Blanc (du)	6	Lombards	r. S. Jacques-la-Bouch.
Chevalier-du-Guet (du)	4	Louvre	place du Chev.-du-Guet
Clairvaux	6	Lombards	rue Saint-Martin
Claude (Saint-)	3	Mail	rue Montmartre
Claude (Saint-)	8	Marais	rue Saint-Claude
Claude (Saint-)	8	Faub. S.-Antoine	rue de Bercy
Clopin	12	Jardin-du-Roi	rue Descartes
Conti	10	Monnaie	quai Conti
Coquenard	2	Faub. Montmartre	rue Coquenard
Coquerelle	7	Marché Saint-Jean	rue des Juifs
Corderie (de la)	2	Palais-Royal	r. de la Corderie S.-H.
Courbâton	4	Louvre	rue de l'Arbre-Sec
Croix-Blanche (de la)	7	Marché Saint-Jean	rue des Billettes
Croix-Boissière	1	Champs-Elysées	rue de Chaillot
Croix (Sainte-)	7	Marché Saint-Jean	rue Vieille-du-Temple
Dany	1	Roule	rue du Rocher
Delaunay	8	Popincourt	rue de Charonne
Dominique (Saint-)	12	Observatoire	rue S. Dominique-d'Enf.
Dominique (Saint-)	10	Faub. S.-Germain	rue Saint-Dominique
Echiquier (de l')	7	Mont-de-Piété	rue du Temple
Ecole (de l')	2	Faub. Montmartre	rue Neuve-Coquenard
Egoût (de l')	5	Faub Saint-Denis	rue du Faub. S.-Martin
Enfant-Jésus (de l')	10	Invalides	rue de Vaugirard
Etienne-du-Mont (S.)	12	Saint-Jacques	r. Montagne-Ste-Genev.
Etoile (de l')	10	S. Thomas-d'Aquin	rue Saint-Dominique
Etoile (de l')	5	Bonne-Nouvelle	rue Thévenot
Etuves (des)	6	Lombards	rue de Marivaux
Faron (Saint-)	7	Marché Saint-Jean	rue de la Tixeranderie
Ferme-des-Mathurins	1	Place Vendôme	r. Neuve-des-Mathurins
Feuillantines (des)	12	Observatoire	rue Saint-Jacques
Fiacre (Saint-)	6	des Lombards	rue Saint-Martin
Fidélité (de la)	5	Faubourg Saint-Denis	rue de la Fidélité
Filles-Dieu (des)	6	Porte Saint-Denis	boulev. Bonne-Nouvelle
Fleurus	11	Luxembourg	rue de Fleurus
Forge-Royale (de la)	8	Faubourg S.-Antoine	r. du Faub. S.-Antoine

Impasses	Arr.	Quartiers	Situation
Fourcy (de)	9	Hôtel-de-Ville	rue de Jouy
Grenelle (de)	10	S. Thomas-d'Aquin	r. de Grenelle-Gr.-Caill.
Grenetat	6	Porte Saint-Denis	enclos de la Trinité
Grognerie (de la)	4	la Halle	rue de la Cordonnerie
Grosse-Tête (de la)	5	Bonne-Nouvelle	rue Saint-Spire
Guémenée	8	Marais	rue Saint-Antoine
Guépine	9	Hôtel-de-Ville	rue de Jouy
Hautfort	12	Observatoire	rue des Bourguignons
Heaumerie (de la)	6	Lombards	rue de la Heaumerie
Hospitalières (des)	8	Marais	r. Chaussée-des-Minim.
Jardiniers (des)	8	Popincourt	rue Amelot
Jean-Beausire	8	Marais	rue Jean-Beausire
Jérusalem (de)	9	Cité	rue Saint-Christophe
Lard (au)	4	la Halle	rue Lenoir
Laurent (Saint-)	3	Faub. Poissonnière	boulev. Bonne-Nouvelle
Lazare (Saint-)	5	Faubourg Saint-Denis	r. du Faub. S.-Denis
Longue-Avoine (de la)	12	Observatoire	rue du Faub. S.-Jacques
Louis (Saint-)	5	Porte Saint-Martin	rue Carême-Prenant
Magloire (Saint-)	6	Lombards	rue Saint-Magloire
Mallebranche	1	Place Vendôme	passage Cendrier
Marais-Rouges	5	Porte Saint-Martin	rue des Récollets
Marché-aux-Ch. (du)	12	Saint-Marcel	r. du Marché-aux-Chev.
Martial (Saint-)	9	Cité	rue Saint-Éloi
Mauconseil	5	Montorgueil	rue Saint-Denis
Michel (du Grand-S.-)	5	Porte Saint-Martin	rue du Faub. S.-Martin
Ménilmontant	8	Popincourt	rue Ménilmontant
Mont-Parnasse (du)	11	Luxembourg	boulev. Mont-Parnasse
Morlaix	5	Porte Saint-Martin	rue des Morts
Mortagne	8	Popincourt	rue Charonne
Nevers (de)	10	Monnaie	rue d'Anjou-Dauphine
Nicolas (Saint-)	6	S. Martin-des-Champs	rue Royale S.-Martin
Nicolas (Saint-)	8	Marais	rue Royale
Paon (du)	11	École-de-Médecine	rue du Paon
Pecquay	7	Mont-de-Piété	rue des Blancs-Manteaux
Peintres (des)	6	Porte Saint-Denis	rue Saint-Denis
Pierre (Saint-)	8	Marais	rue Neuve-Saint-Pierre
Pierre (Saint-)	5	Mail	rue Montmartre
Planchette (de la)	6	S. Martin-des-Champs	rue Saint-Martin
Plumet	10	S. Thomas-d'Aquin	rue des Brodeurs
Poissonnerie (de la)	8	Marais	rue Jarente
Pompe (de la)	5	Porte Saint-Martin	rue de Bondy
Provençaux (des)	4	Louvre	rue de l'Arbre-Sec
Puits-de-Rome (du)	6	S.-Martin-des-Champs	rue Frépillon
Putigneux	9	Hôtel-de-Ville	rue Geoffroy-Lasnier
Quatre-Vents (des)	11	Luxembourg	rue de Seine
Récollets (des)	5	Porte Saint-Martin	rue des Récollets

Impasses	Arr.	Quartiers	Situation
Réservoirs (des)	1	Champs-Elysées	rue de Chaillot
Reuilly	8	Quinze-Vingts	Petite-rue-de-Reuilly
Rohan (de)	11	École-de-Médecine	rue du Jardinet
Rolin-prend-Gages	4	S.-Honoré, Louvre	rue des Lavandières
Roquette (de la)	8	Popincourt	rue de la Roquette
Martin (Saint-)	6	S.-Martin-des-Champs	rue Royale
Sabin (Saint-)	8	Popincourt	rue Saint-Sabin
Salembrière	11	Sorbonne	rue Saint-Séverin
Sébastien (Saint-)	8	Popincourt	rue Saint-Sébastien
Sœurs (des Deux-)	12	Saint-Marcel	r. des Francs-Bourgeois
Sourdis	4	Louvre	r. des Foss.-S.-G.-l'Aux.
Tivoli	2	Chaussée-d'Antin	rue de Tivoli
Treille (de la)	4	Louvre	place S.-Germain-l'Aux.
Trois-Frères (des)	8	Quinze-Vingts	rue Traversière S.-Ant.
Trois-Visages (des)	4	Louvre	rue Thibault-aux-Dez
Vaugirard (de)	11	Luxembourg	rue de Vaugirard
Venise (de)	6	Lombards	rue Quincampoix
Versailles (de)	12	Saint-Marcel	rue Traversine
Vert-Buisson (du)	10	Invalides	rue de l'Université
Veuves (de l'All.-des-)	1	Champs-Elysées	allée des Veuves
Vignes (des)	12	Observatoire	rue des Postes

ILES.

Iles	Arr.	Quartiers
Cygnes (des)	10	Invalides
Louis (Saint-)	9	Ile-Saint-Louis
Louviers	9	Arsenal
Palais (du)	11	Palais-de-Justice

CITÉS.

Cités	Arr.	Quartiers	Situation
Antin (d')	2	d'Antin	rue de Provence
Beaurepaire	5	Montorgueil	rue Beaurepaire
Bergère	2	Faub. Montmartre	r. du F. M., r. Bergère
Berryer	1	place Vendôme	place de la Madeleine
Boufflers	6	Temple	rue du Petit-Thouars
Italiens (des)	2	Feydeau	rue Laffitte
Orléans (d')	6	Porte Saint-Denis	boulevard Saint-Denis
Trévise	2	Faub. Montmartre	rue Richer, rue Bleue

PORTS.

Ports	Arr.	Quartiers	Situation
Arsenal (de l')	9	Arsenal	près l'Arsenal
Blé (au)	9	Hôtel-de-Ville	quai de l'Hôtel-de-Ville
Ecole (de l')	4	Louvre	quai de l'Ecole
Fruits (aux)	12	Saint-Jacques	quai de la Tournelle
Hôpital (de l')	12	Jardin-du-Roi	barrière de la Gare
Invalides (des)	10	Invalides	vis-à-vis les Invalides
Nicolas (Saint-)	1	Tuileries	quai du Louvre
Orsay (d')	10	Invalides	quai d'Orsay
Paul (Saint-)	9	Arsenal	quai des Ormes
Pierres-S.-Leu (aux)	1	Champs-Elysées	quai de la Conférence
Rapée (de la)	8	Quinze-Vingts	quai de la Rapée
Recueillage (du)	10	de la Monnaie	quai Voltaire
Tuiles (aux)	8	Marais	canal Saint-Martin
Vins (aux)	12	Jardin-du-Roi	quai Saint-Bernard

HALLES ET MARCHÉS.

Halles et marchés	Arr.	Quartiers	Situation
Blé (au)	4	Banque de France	rue de Viarmes
Cuirs (aux)	5	Montorgueil	rue Mauconseil
Draps (aux)	4	la Halle	rue de la Poterie
Veaux (aux)	12	Jardin-du-Roi	r. de Poissy, r. de Pont.
Viande (à la)	4	la Halle	rue des Prouvaires
Vins (aux)	12	Jardin-du-Roi	quai Saint-Bernard
Aguesseau (d')	1	Place Vendôme	rue de la Madeleine
Antoine (Saint-)	8	Quinze-Vingts	rue d'Aligre
Beurre et Œufs (au)	4	la Halle	près la r. de la Cossonn.
Blancs-Manteaux (des)	7	Mont-de-Piété	Vieille-rue-du-Temple
Boulainvilliers	10	Faub. Saint-Germain	rue du Bac
Carré-de-la-Halle (du)	4	la Halle	ent. les r. S.-D. et Ling.
Catherine (Sainte-)	8	Marais	rue Saint-Antoine
Chevaux (aux)	12	Saint-Marcel	boulevard de l'Hôpital
Cour du Com. (de la)	6	Lombards	rue des Ecrivains
Enfans-Rouges (des)	7	Mont-de-Piété	rue de Bretagne
Eustache (de la P.-S.-)	3	Saint-Eustache	Pointe-Saint-Eustache
Fleurs (aux)	9	Cité	quai aux Fleurs
Fleurs (aux)	1	Place Vendôme	à la Madeleine
Fleurs (aux)	6	Temple	boulevard Saint-Martin
Fourrages (aux)	5	Porte Saint-Martin	r. du Faub. Saint-Martin
Fourrages (aux)	8	Faub. Saint-Antoine	r. du Faub. S.-Antoine

Halles et marchés	Arr.	Quartiers	Situation
Fourrages (aux)	12	Observatoire	boulevard d'Enfer
Germain (Saint-)	11	Luxembourg	rue du Four
Huîtres (aux)	5	Saint-Eustache	rue Montorgueil
Innocens (des)	4	la Halle	rue Saint-Denis
Jacobins (des)	2	Palais-Royal	rue Saint-Honoré
Jac.-la-B.(M. et Pl. S.-)6		Lombards	rue des Ecrivains
Joseph (Saint-)	5	Montmartre	rue Montmartre
Madeleine (de la)	1	Roule	rue de l'Arcade
Martin (Saint-)	6	S.-Martin-des-Champs	rue Montgolfier
Marée (de la)	4	la Halle	près la r. de la Cossonn.
Maubert (de la place)	12	Saint-Jacques	r. Montagne-Ste-Genev.
Marché-Neuf	9	Cité	près le pont Saint-Michel
Patriarches (des)	12	Saint-Marcel	rue Mouffetard
Poirées (aux)	4	la Halle	r. du Marché-aux-Poirées
Popincourt	8	Popincourt	rue Popincourt
Porte S.-Hon. (de la)	1	Place Vendôme	rue du Faub. S.-Honoré
Porte S.-Mart. (de la)	6	Porte Saint-Martin	rue Saint-Martin
Porte S.-Denis (de la)	5	Porte Saint-Denis	rue Saint-Denis
Rue de Sèvres (de la)	10	S.-Thomas-d'Aquin	rue de Sèvres
Saint-Louis	9	île de ce nom	rue Saint-Louis .
Temple (du)	6	Temple	rue de ce nom
Vallée (de la)	11	Ecole-de-Médecine	quai des Augustins

PONTS.

Ponts		Situation	
Archevêché (de l')	9, 12	quai de l'Archevêché	quai de la Tournelle
Arcole (d')	9	pl. de l'Hôtel-de-Ville	quai Napoléon
Arsenal (de l')	9	quai Morland	pont d'Austerlitz
Arts (des)	4, 10	Louvre	palais de l'Institut
Austerlitz (d')	8, 12	quai Morland	place Walhubert
Bercy (de)	8, 12	barrière de Bercy	barrière de la Gare
Bièvre (de)	12	quai de l'Hôpital	sur la rivière de Bièvre
Carrousel (du)	4, 10	quai Malaquais	quai du Louvre
Change (au)	4, 9	place du Châtelet	rue de la Barillerie
Charles (Saint-)	9	communiq. aux salles	de l'Hôtel-Dieu
Cité (de la)	9	rue Saint-Louis	rue Bossuet
Concorde (de la)	1	place de la Concorde	périst. de la Ch. des Dép.
Constantine (de)	9, 12	quai Saint-Bernard	quai de Béthune
Croullebarbe	12	boulev. des Gobelins	sur la rivière de Bièvre
Damiette (de)	9	île Saint-Louis	quai des Célestins
Doubles (aux)	9	rue de la Bûcherie	place Notre-Dame
Grammont (de)	9	quai des Célestins	île Louviers
Iéna (d')	1, 10	quai de Billy	Champ-de-Mars
Invalides (des)	1, 10	quai d'Orsay	Champs-Elysées

Ponts		Situation	
Louis-Philippe	9	port au Blé	Ile S.-Louis, q. Napol.
Marie	9	rue des Nonaindières	rue des Deux-Ponts
Michel (Saint-)	11	rue de la Barillerie	place du Pont S.-Michel
Notre-Dame	7, 9	rue Planche-Mibray	rue de la Cité
Petit-Pont	9, 11	rue de la Cité	rue du Petit-Pont
Pont-Neuf	4, 11	place des Trois-Maries	rue Dauphine
Pont-Royal	1, 10	quai des Tuileries	rue du Bac
Tournelle (de la)	9, 12	rue des Deux-Ponts	quai de la Tournelle
Tripes (aux)	12	rue Mouffetard	rue Mouffetard

BOULEVARDS.

Beaumarchais. 8e arr.; quartiers du Marais, de Popincourt et du faubourg Saint-Antoine.

Bourdon. 9e arr.; quartier de l'Arsenal.

Bonne-Nouvelle. 3e et 5e arr.; quartiers Bonne-Nouvelle et Faubourg Poissonnière.

Capucines (des). 1er arr.; quartier de la Place Vendôme.

Denis (Saint-). 5e et 6e arr.; quartiers Saint-Denis et Saint-Martin.

D'Enfer. 11e et 12e arr.; quartiers du Luxembourg et de l'Observatoire.

Filles-du-Calvaire (des). 6e et 8e arr.; quartiers du Marais, Popincourt, Temple.

Gobelins (des). 12e arr.; quartier Saint-Marcel.

Hôpital (de l'). 12e arr.; quartier Saint-Marcel.

Invalides (des). 10e arr.; quartiers Saint-Thomas-d'Aquin et Invalides.

Italiens (des). 2e arr.; quartiers de la Chaussée-d'Antin et Feydeau.

Jacques (Saint-). 12e arr.; quartiers S.-Marcel et Observatoire.

Madeleine (de la). 1er arr.; quartier de la Place Vendôme.

Malesherbes. 1er arr.; quartier de la Madeleine.

Martin (Saint-). 5e et 6e arr.; quartiers Saint-Martin-des-Champs et Porte-Saint-Martin.

Mazas. 8e arr. quartier des Quinze-Vingts.

Montmartre. 2e arr.; quartiers de la Chaussée-d'Antin et Feydeau.

Mont-Parnasse. 11e arr.; quartiers Saint-Thomas-d'Aquin et Luxembourg.

Poissonnière. 2e et 3e arr.; quartiers du Faubourg Poissonnière et du Faubourg Montmartre.

Santé (de la). 12e arr.; quartiers Saint-Marcel, Observatoire.

Temple (du). 6e arr.; quartier du Temple.

QUAIS.

Quais	Arr.	Tenans	Aboutissans
Anjou (d')	9	rue des Deux-Ponts	rue Saint-Louis
Archevêché (de l')	9	quai Napoléon	pont aux Doubles

Quais	Arr.	Tenans	Aboutissans
Augustins (des)	11	pont Saint-Michel	Pont-Neuf
Austerlitz (d')	12	barrière de la Gare	pont d'Austerlitz
Bernard (Saint-)	12	pont d'Austerlitz	pont de la Tournelle
Béthune (de)	9	rue Saint-Louis	pont de la Tournelle
Billy ou de Chaillot	1	place de la Conférence	barrière de Passy
Bourbon	9	rue Saint-Louis	pont Marie
Célestins (des)	9	pont de Grammont	rue Saint-Paul
Conférence (de la)	1	place de la Concorde	allée des Veuves
Conti ou de la Monn.	10	Pont-Neuf	pont des Arts
Ecole (de l')	4	Pont-Neuf	quai du Louvre
Fleurs (aux)	9	pont Notre-Dame	pont au Change
Gèvres (de)	7	pont Notre-Dame	pont au Change
Grands-Degrés (des)	12	pont aux Doubles	pont de l'Archevêché
Horloge (de l')	11	pont au Change	place du Pont-Neuf
Hôtel-de-Ville (de l')	9	rue Geoffroy-Lasnier	place de l'Hôtel-de-Ville
Jemmapes	5, 6, 8	place de la Bastille	barrière de Pantin
Louvre (du)	4	quai de l'Ecole	pont Royal
Malaquais	10	rue de Seine	rue des Saints-Pères
Marché-Neuf (du)	9	rue de ce nom	pont Saint-Michel
Mégisserie (de la)	4	pont au Change	Pont-Neuf
Michel (Saint-)	11	Petit-Pont	pont Saint-Michel
Morland	9	pont d'Austerlitz	pont de Grammont
Napoléon	9	quai de l'Archevêché	quai aux Fleurs
Orsay (d')	10	pont Royal	barrière de la Cunette
Orfèvres (des)	11	pont Saint-Michel	place du Pont-Neuf
Orléans (d')	9	pont de la Tournelle	pont de la Cité
Ormes (des)	9	rue de l'Etoile	rue Geoffroy-Lasnier
Paul (Saint-)	9	rue Saint-Paul	rue de l'Etoile
Pelletier	7	pl. de l'Hôtel-de-Ville	pont Notre-Dame
Rapée (de la)	8	barrière de la Rapée	pont d'Austerlitz
Tournelle (de la)	12	quai Saint-Bernard	rue de Pontoise
Tuileries (des)	1	pont Royal	pont de la Concorde
Valmy	5, 6, 8	place de la Bastille	barrière de Pantin
Voltaire	10	rue des Saints-Pères	pont Royal

BARRIÈRES.

Barrières	Arr.	Quartiers
Amandiers (des)	5	Popincourt
Arcueil (d') ou Saint-Jacques	12	Observatoire
Aunay (d')	8	Popincourt
Belleville (de)	5, 6	Porte S.-Martin, Temple
Bercy (de)	8	Quinze-Vingts
Blanche	2	Chaussée-d'Antin

Barrières	Arr.	Quartiers
Boyauterie (de la)	5	Porte Saint-Martin
Charenton (de)	8	Quinze-Vingts
Chartres (de)	1	Roule
Chopinette (de la)	5	Porte Saint-Martin
Clichy	1, 2	Roule, Chaussée-d'Antin
Combat (du)	5	Porte Saint-Martin
Courcelles (de)	1	Roule
Couronnes (des Trois-)	6	Temple
Croullebarbe	12	Saint-Marcel
Cunette (de la)	10	Invalides
Denis (Saint-) ou de la Chapelle	3, 5	Faub. S.-Denis et Poissonn.
Ecole Militaire (de l')	10	Invalides
Enfer (d')	12	Observatoire
Etoile (de l')	1	Champs-Élysées
Fontarabie (de)	8	Popincourt, F. S.-Antoine
Fourneaux (des)	11	Luxembourg
Francklin	1	Champs-Élysées
Gare (de la)	12	Saint-Marcel
Grenelle (de)	10	Invalides
Italie (d') ou de Fontainebleau	12	Saint-Marcel
Ivry (d')	12	Saint-Marcel
Lamhote-Piquet (de)	10	Invalides.
Longchamps (de)	1	Champs-Elysées
Lourcine (de)	12	Saint-Marcel
Maine (du)	11	Luxembourg
Mandé (Saint-)	8	Quinze-Vingts
Marie (Sainte-)	1	Champs-Elysées
Martyrs (des)	2	Montmartre, Ch.-d'Antin
Ménilmontant	6, 8	Popincourt, Temple
Monceaux (de)	1	Roule
Montmartre ou Pigale	2	Chaussée-d'Antin
Mont-Parnasse	11	Luxembourg
Montreuil (de)	8	Faubourg Saint-Antoine
Moulins (des Deux-)	12	Saint-Marcel
Paillassons (des)	10	Invalides
Pantin (de)	5	Porte Saint-Martin
Passy	1	Champs-Élysées
Picpus	8	Quinze-Vingts
Poissonnière ou du Télégraphe	2	Faub. Poissonn, et Montm.
Ramponeau (de)	6	Temple
Rapée (de la)	8	Quinze-Vingts
Rats (des)	8	Popincourt
Réservoirs (des)	1	Champs-Élysées
Reuilly (de)	8	Quinze-Vingts
Rochechouart (de)	2	Faubourg Montmartre
Roule (du)	1	Roule, Champs-Élysées

Barrières	Arr.	Quartiers
Santé (de la)	12	Observatoire, Saint-Marcel
Sèvres (de)	10	Invalides, S.-Thomas-d'Aq.
Trône (du)	8	Quinze-Vingts, S.-Antoine
Vaugirard (de)	10, 11	Luxembourg, S.-Th.-d'Aq.
Vertus (des)	5	Faubourg Saint-Denis
Villette (de la)	5	P. S.-Mart., Faub. S.-Denis

AVENUES ET ALLÉES.

Avenues	Arr.	Quartiers
Abattoir (de l')	1	Roule
Antin (allée d')	1	Champs-Élysées
Arsenal (de l')	9	Arsenal
Bel-Air (du)	8	Quinze-Vingts
Biron (de)	1	Champs-Élysées
Boufflers (de)	10	Invalides
Bourdonnaie (de la)	10	Invalides
Breteuil (de)	10	Invalides
Champs-Élysées (des)	1	Champs-Élysées
Châteaubriand (de)	1	Champs-Élysées
Cours-la-Reine (allée du)	1	Champs-Élysées
École-Militaire (de l')	10	Invalides
Fortunée	1	Champs-Élysées
Frochot	2	Chaussée d'Antin
Gabrielle (de)	1	Champs-Élysées
Hôpital (de l')	12	Jardin-du-Roi
Jeu-de-Paume (du)	8	Faubourg Saint-Antoine
Lamothe-Piquet (de)	10	Invalides
Latour-Maubourg (de)	10	Invalides
Lowendal (de)	10	Invalides
Maine (du)	11	Luxembourg
Mandé (de Saint-)	8	Quinze-Vingts
Marbeuf (allée)	1	Champs-Élysées
Marie (de Sainte-)	1	Champs-Élysées
Marigny (de)	1	Champs-Élysées
Marché aux Chevaux	12	Jardin-du-Roi
Matignon (de)	1	Champs-Élysées
Neuilly (de)	1	Champs-Élysées
Observatoire (de l')	12	Observatoire
Ormeaux (des)	8	Faubourg Saint-Antoine
Parmentier	8	Popincourt
Pépinière (de la)	11	Luxembourg
Projetée	8	Quinze-Vingts
Sable (de)	8	Quinze-Vingts

4

Avenues	Arr.	Quartiers
Saxe (de)	10	Invalides
Ségur (de)	10	Invalides
Soupirs (des)	8	Quinze-Vingts
Suffren (de)	10	Invalides
Tourville (de)	10	Invalides
Triomphes (des)	8	Faubourg Saint-Antoine
Trudaine	2	Faubourg Montmartre
Vavin	11	Luxembourg
Veuves (allée des)	1	Champs-Elysées
Villars (de)	10	Invalides
Vincennes (de)	8	Quinze-Vingts

CHAMPS.

Champs	Arr.	Quartiers
Champ-de-Mars	10	Invalides
Champs-Elysées	1	Champs-Elysées
Champ-des-Capucins	12	Observatoire

CHEMINS DE RONDE *

Chemins de ronde	Arr.	Quartiers
Amandiers (des)	8	Popincourt
Aunay (d')	8	Popincourt
Bassins (des)	1	Champs-Elysées
Belleville (de)	5	Porte Saint-Martin
Bercy (de)	8	Quinze-Vingts
Blanche (de la barrière)	2	Chaussée-d'Antin
Buttes-Chaumont (des)	5	Faubourg Saint-Martin
Boyauterie (de la)	5	Porte Saint-Martin
Charenton (de)	8	Quinze-Vingts
Chopinette (de la)	5	Porte Saint-Martin
Clichy (de)	1	Roule
Combat (du)	5	Porte Saint-Martin
Courcelles (de)	1	Roule
Couronnes (des Trois-)	6	Temple
Denis (de Saint-)	3	Faubourg Poissonnière

* Ces chemins sont ceux qui règnent le long des murs de clôture de la ville de Paris, *intra muros*. Ils prennent le nom de la barrière où ils commencent. Or ils commencent au point le plus élevé de la Seine, c'est-à-dire à la barrière de la Rapée pour ceux qui sont au nord de cette rivière, et à la barrière de la Gare pour ceux qui sont au sud. *Voir* Barrières.

Chemins de ronde	Arr.	Quartiers
Enfer (d')	11	Luxembourg
Fontarabie	8	Popincourt
Fourneaux (des)	11	Luxembourg
Francklin	1	Champs-Élysées
Gare (de la)	12	Saint-Marcel
Grenelle de	10	Invalides
Ivry (d')	12	Saint-Marcel
Longchamps (de)	1	Champs-Élysées
Maine (du)	11	Luxembourg
Mandé (de Saint-)	8	Quinze-Vingts
Martyrs (des)	2	Chaussée-d'Antin
Ménilmontant (de)	8	Popincourt
Militaire (de l'École-)	10	Invalides
Montmartre (de)	2	Chaussée-d'Antin
Mont-Parnasse	11	Luxembourg
Montreuil (de)	8	Faubourg Saint-Antoine
Monceaux (de)	1	Roule
Neuilly (de)	1	Champs-Élysées
Paillassons (des)	10	Invalides
Pantin (de)	5	Porte Saint-Martin
Picpus (de)	8	Quinze-Vingts
Poissonnière	2	Faubourg Montmartre
Ramponeau	6	Temple
Rapée (de la)	8	Quinze-Vingts
Rats (des)	8	Popincourt
Reuilly (de)	8	Quinze-Vingts
Rochechouart (de)	2	Faubourg Montmartre
Roule (du)	1	Champs-Élysées
Sèvres (de)	10	Invalides
Télégraphe (du)	2	Faubourg Montmartre
Vaugirard (de)	10	Saint-Thomas-d'Aquin
Vertus (des)	5	Faubourg Saint-Denis
Villette (de la)	5	Faubourg Saint-Denis
Vincennes (de)	8	Faubourg Saint-Antoine

VOITURES OMNIBUS.

Ces voitures se prennent partout où on les rencontre dans Paris, au prix de 30 centimes.

Le conducteur est tenu, lorsque sa voiture passe devant un bureau de son administration, d'appeler les différents points de la correspondance et d'y faire descendre ses voyageurs, qui, à leur entrée au bureau, se feront reconnaître au contrôleur au moyen de leur bulletin, qui sera contrôlé par la remise d'un autre cachet et d'un numéro d'ordre. Le cachet de correspondance est personnel; il ne reçoit son effet qu'autant qu'il y a place dans la voiture.

Lorsqu'un voyageur est reçu dans une voiture, en vertu d'un cachet de correspondance, il a épuisé son droit.

Les voyageurs attendant dans un bureau, soit payant ou correspondant, montent en voiture par ordre de numéros avant ceux qui se trouveraient sur la voie publique.

OMNIBUS (*Feux roses*).

1re ligne, 32 voitures.

Parcourant 7 kilom., de Bercy au boulevart de la Madeleine, par la

Barrière et rue de Bercy, boulevart Contrescarpe, place de la Bastille(1), boulevarts Beaumarchais, des Filles-du-Calvaire, du Temple, St-Martin et St-Denis, Bonne-Nouvelle, Poissonnière, Montmartre, des Italiens, des Capucines et de la Madeleine, *bout de ligne.*

CORRESPOND *avec les lignes 2, 3, 4, 5 et 7 Omnibus, avec les Diligentes, ligne 27 pour les voyageurs venant de Bercy, et avec les lignes 26 et 27 Hirondelles et Parisiennes pour les voyageurs amenés de la Bastille.*

OMNIBUS (*Feux roses*).

2e ligne, 12 voitures.

Parcourant 6 kilom. 1/2, de la barrière du Trône au Carrousel, par les

Rue du Faubourg-St-Antoine, place de la Bastille, rues St-Antoine, du Pont Louis-Philippe, Hôtel-de-Ville, quais Pelletier, de Gèvres, de la Mégisserie, de l'Ecole, du Louvre, des Tuileries, place du Carrousel, *bout de ligne.*

CORRESPOND *avec la ligne 1 pour Bercy et tous les boulevarts, avec la ligne 3 pour les chemins de fer de St-Germain et de Versailles, rive droite, et Rouen par le Marais-Rambuteau, et au Carrousel avec les lignes 4 et 5 pour la Madeleine, l'Odéon et la barrière Blanche.*

OMNIBUS (*Feux roses*).

3e ligne, 15 voitures.

Parcourant 6 kilom., du boulevart Beaumarchais (Bastille) aux chemins de fer de Versailles, rive droite, St-Germain et Rouen, par les

Rue du Pas-de-la-Mule, place Royale, rues Neuve Ste-Catherine, des Francs-Bourgeois, de Paradis, de Rambuteau, St-Martin, aux

Ours, St-Denis, Petit-Lion, Pavée-St-Sagveur, Montorgueil, Tiquetonne, Montmartre, de la Jussienne et Coq-Héron, Coquillière, de la Banque, *bureau,* place des Victoires, rues VideGousset *bureau,* Notre-Dame-des-Victoires, des Filles-St-Thomas, Neuve-St-Augustin, boulevart des Capucines, rues Caumartin, Thiroux Ste-Croix, St-Lazare, n° 140, *bout de ligne.*

CORRESPOND *avec la ligne 12 Tricycles et la ligne 22 Citadines. MM. les voyageurs, au retour à la Bastille, ont droit à la correspondance des lignes 1 et 2 Omnibus, des Diligentes ligne 17.*

OMNIBUS (*Feux roses*).

4e ligne, 14 voitures.

Parcourant 6 kilom. 3/4, de la barrière du Roule au boulevart des Filles-du-Calvaire, par les

Rues du Faubourg-du-Roule, du Faubourg-St-Honoré, la Madeleine, rues Duphot, St-Honoré, des Prouvaires, Traînée, pointe St-Eustache, rues Montorgueil, Mauconseil, St-Denis, du n° 119 à 262, aux Ours et Bourg-l'Abbé, Neuve-Bourg-l'Abbé, St-Martin, du n° 283 à 238, *retour par la rue Grenétat,* rues Royale-St-Martin, Phélippeaux, de la Corderie et de Bretagne, des Filles-du-Calvaire, *bout de ligne.*

CORRESP. *avec les lignes 5 et 6 au Carrousel, avec la ligne 8 au Louvre, avec la ligne 1, soit à la Madeleine ou au bureau de la rue des Filles-du-Calvaire, et avec la ligne 28 à la Porte-St-Honoré.*

OMNIBUS (*Feux roses*).

5e ligne, 14 voitures.

Parcourant 6 kilom. 1/2, de la barrière Blanche (cimetière Montmartre) à l'Odéon, par l'Opéra et le Palais-Royal, et par les

Rues Notre-Dame-de-Lorette, de la Fontaine-St-Georges, église Notre-Dame-de-Lorette, rue Laffitte, boulevart des Italiens, *bureau,* rues Richelieu, de Rohan, place du Carrousel, Pont-Royal, quai Voltaire, rues des Saints-Pères, du n° 4 à 55, Taranne et du Dragon, la

(1) Ces deux lignes sont confondues en une seule et en tout temps la correspondance est obligatoire.

Croix-Rouge, rue du Vieux-Colombier, place St-Sulpice, rue de Tournon, Odéon, *bout de ligne.*

CORRESPOND *avec les lignes 1, 2, 4 et 6 pour Passy, l'Hôtel-de-Ville, la Bastille, le Trône, Faubourg du Roule, le Temple et Bercy par les quais.*

OMNIBUS (*Feux roses*).

6e ligne, 7 voitures.

Parcourant 4 kilom., de la barrière de Passy à la place du Carrousel par le bord de l'eau et par les

Quai de Billy (bas de Chaillot), quai de la Conférence, quartier de François Ier, Cours-la-Reine, Champs-Elysées, place de la Concorde, quai des Tuileries, Pont-Royal, place du Carrousel.

CORRESPOND, *en arrivant de Passy à la place du Carrousel, avec les lignes 4 et 5 Omnibus pour le Temple, l'Odéon, la barrière Blanche et la Madeleine.*

OMNIBUS (*Feux verts*).

7e ligne, 7 voitures.

Parcourant 4 kilom. 1/2, du pont de Neuilly à la Madeleine, par les Ternes et par les

Avenue de Seine dans Neuilly, porte Maillot (entrée du bois de Boulogne, chemin de la Révolte, route des Ternes, barrière du Roule, rues du Faubourg-du-Roule, du Faubourg-St-Honoré, porte St-Honoré, la Madeleine, *bout de ligne.*

CORRESPOND *à la Madeleine avec les lignes 1 et 4 moyennant un supplément de 20 centimes.*

OMNIBUS (*F. roses-oranges*).

8e ligne, 8 voitures.

Parcourant 5 kilom. 1/4, de Bercy-le-Port au Louvre, place de l'Oratoire, passant près le pont d'Austerlitz et par les

Quais de la Râpée, Morland (Arsenal), St-Paul, des Ormes, de la Grève, Hôtel-de-Ville, quais Pelletier, de Gèvres, place du Châtelet, quais de la Mégisserie, de l'Ecole, places de l'Oratoire, du Louvre, *bout de ligne.*

CORRESPOND *avec les lignes 4 et 5 Omnibus, 16 Favorites, 26 Hirondelles, et 9 Orléanaises pour le faubourg du Roule, le Marais, l'Odéon, la barrière Blanche, le Jardin-des-Plantes, Porte St-Denis et Porte St-Martin, faubourg Poissonnière, place La Fayette, l'Ecole-de-Médecine, les Champs-Elysées et l'Arc-de-Triomphe.*

ORLÉANAISES (*F. rouges*).

9e ligne, 8 voitures.

Parcourant 7 kilom., du pont de Neuilly au Louvre, place de l'Oratoire, et par les

Avenue de Seine dans Neuilly, l'Arc-de-Triomphe, barrière de l'Etoile, avenue des Champs-Elysées, place de la Concorde, rues de Rivoli, St-Nicaise, St-Honoré, du Coq, place de l'Oratoire, *bout de ligne.*

CORRESPOND *avec les lignes 4, 5 et 8 pour le Marais, l'Odéon, barrière Blanche et Bercy.*

DAMES-RÉUNIES

ci-devant DAMES-BLANCHES

(*Feux rouges*).

10e ligne, 12 voitures.

Parcourant 6 kilom. 1/2, de la Villette, n° 113, à St-Sulpice, par les

Rue du Faubourg-St-Martin, porte et rue St-Martin, rue des Arcis et Planche-Mibrais, pont Notre-Dame, Marché aux Fleurs, Palais-de-Justice, rue de la Barillerie, pont St-Michel, rue St-André-des-Arts, carrefour Bussy, rues de l'Ancienne-Comédie, des Quatre-Vents, du Petit-Bourbon, place St-Sulpice, *bout de ligne.*

CORRESPOND *avec les lignes 11, 24 et 30 Dames-Réunies, Gazelles et Constantines, pour la Chaussée-d'Antin, les chemins de fer de Versailles, rive droite, de St-Germain et de Rouen, le Palais-Royal, Faubourg-St-Germain et Grenelle, le Pont-Neuf, Jardin-des-Plantes, chemin de fer d'Orléans et gare de Bercy.*

Service de Banlieue *pour Pantin et le Bourget.*

DAMES-RÉUNIES

ci-devant DAMES-FRANÇAISES

(*Feux incolores*).

11e ligne, 12 voitures.

Parcourant 7 kilom. 3/4, de Grenelle à l'église St-Laurent, faubourg St-Martin, par

L'Ecole-Militaire, avenue de la Mothe-Piquet, rues de Grenelle, Belle-Chasse, St-Dominique, du Bac, Pont-Royal, place du Carrousel, rues St-Thomas-du-Louvre, St-Honoré, de Grenelle-St-Honoré, Coquillière, des Vieux-Augustins, Montmartre, boulevart et faubourg Poissonnière, de l'Echiquier, Hauteville, des Petites-Ecuries, Martel, de Paradis, de la Fidélité, église St-Laurent, *bout de ligne.*

Correspond *avec les Dames-Réunies ligne 10, Diligentes ligne 17 et Béarnaises ligne 20, pour l'Entrepôt des vins, l'Ile St-Louis et la Bastille, la Chaussée-d'Antin, la Madeleine et Monceaux, touchant aux embarcadères des chemins de fer de Versailles, rive droite, St-Germain et Rouen, le Marais, rue St-Antoine, la Bastille, la barrière de Charenton et la Villette.*

Service de la Banlieue *pour Pantin et le Bourget.*

TRICYCLES (*Feux bleus*).

12e ligne, 11 voitures.

Parcourant 6 kilom., de la barrière du Maine, chemin de fer de Versailles, rive gauche, à la porte St-Denis, par les

Avenue du Maine, boulevart Mont-Parnasse, rues de Sèvres, du Bac, Pont-Royal, Carrousel, rue de Chartres, place du Palais-Royal, rues St-Honoré, Croix-des-Petits-Champs, Banque, place des Victoires, rues des Fossés-Montmartre, Montmartre, de Cléry, près le boulevart St-Denis, *bout de ligne.*

Correspond *avec l'Omnibus ligne 3, les Batignollaises ligne 23, les Gazelles ligne 24, et les Hirondelles ligne 25, pour les chemins de fer de Versailles, rive droite, St-Germain et Rouen, et le Marais-Rambuteau jusqu'à la Bastille, les Batignolles, faubourg St-Jacques, barrière Rochechouart, l'Entrepôt, le Jardin-des-Plantes, chemin de fer d'Orléans et gare de Bercy.*

FAVORITES

(*Feux verts et rouges*).

13e ligne, 12 voitures.

Parcourant 7 kilom., de la Chapelle-St-Denis, point de départ, à la barrière d'Enfer, par la

Barrière St-Denis, faubourg St-Denis, porte St-Denis, rue St-Denis, place du Châtelet, Pont-au-Change, Palais-de-Justice, rue de la Barrillerie, Pont-St-Michel, rue de la Vieille-Bouclerie, de La Harpe, place St-Michel, rue d'Enfer, boulevarts Mont-Parnasse, d'Enfer, près la barière, *bureau de bout de ligne.*

Correspond *avec les lignes 14, 15 et 16 Favorites et la ligne 21 Citadines, pour Vaugirard, les Gobelins, les chemins de fer, barrière des Martyrs et Belleville.*

Service de Banlieue *annexé à cette ligne pour St-Denis.*

FAVORITES

(*Feux verts et rouges*).

14e ligne, 13 voitures.

Parcourant 7 kilom. 3/4, de Vaugirard (place de l'Ecole), aux bains de Tivoli, par les

Rues de Sèvres, du Dragon, Taranne, Ste-Marguerite, rue et carrefour Bussy, rue Dauphine, Pont-Neuf, rues de la Monnaie, du Roule, St-Honoré, rue du Four-Saint-Honoré, et Marché des Prouvaires, rues Coquillière, Croix-des-Petits-Champs, place des Victoires, rues de la Feuillade, Neuve-des-Petits-Champs, Neuve-des-Capucines, Caumartin, Thiroux, Ste-Croix-d'Antin, St-Lazare, près les bains de Tivoli, *bout de ligne.*

Correspond *avec les lignes 15 et 16 Favorites, et avec la ligne 21 Citadines pour les Gobelins, barrières d'Enfer et des Martyrs, faubourg Poissonnière, La Chapelle et Belleville.*

FAVORITES

(*Feux rouges et verts*).

15e ligne, 12 voitures.

Parcourant 1 kilom. 1/2, de la barrière des Martyrs aux Gobelins, passant par les Halles du centre, et par les

Rue des Martyrs, faubourg Montmartre, rue Montmartre, Pointe-St-Eustache, rues de la Tonnellerie, St-Honoré, du Roule, de la Monnaie, Pont-Neuf, place Dauphine, quai des Orfèvres, pont et quai St-Michel, rues du Petit-Pont, Galande, place Maubert, rues St-Victor, des Fossés-St-Marcel, Mouffetard, les Gobelins, barrière Fontainebleau, *bout de ligne.*

Correspond *avec les lignes 13, 14 et 16 Favorites, et la ligne 21 Citadines, pour La Chapelle, barrière d'Enfer, Vaugirard, chemins de fer et faubourg Poissonnière, et avec la ligne 21 Citadines à Belleville.*

FAVORITES

(*Feux rouges et verts*).

16e ligne, 12 voitures.

Parcourant 3 kilom. 3/5, de la place Lafayette, faubourg Poissonnière, à l'Ecole-de-Médecine, passant près la Banque et par les

Rues du Faubourg-Poissonnière, Poissonnière, de Cléry, du Mail, Vide-Gousset, place des Victoires, rues Croix-des-Petits-Champs, du Coq-St-Honoré, place du Louvre, quai de l'Ecole, Pont-Neuf, rue Dauphine, carrefour Bussy, rues de l'Ancienne-Comédie, de l'Ecole-de-Médecine, place de l'Ecole-de-Médecine, *bout de ligne.*

CORRESPOND *avec les lignes 13, 14 et 15 Favorites pour la barrière d'Enfer, Vaugirard et les chemins de fer de Versailles, St-Germain, Rouen, et avec la ligne 8 Omnibus pour Bercy-le-Port.*

DILIGENTES.

(*Feux orange et vert*).

17e ligne, 14 voitures.

Parcourant 7 kilom. 1/2, de la barrière de Charenton, passant au Palais-Royal, à la rue St-Lazare, Chaussée-d'Antin, touchant les chemins de fer de Versailles, St-Germain et Rouen , par les

Rue de Charenton, faubourg-St-Antoine, place de la Bastille, rues St-Antoine, Renaud-Lefèvre, Marché St-Jean, rues de la Verrerie, des Lombards, de l'Aiguillerie, place Ste-Opportune, rues de la Ferronnerie, St-Honoré, Marché St-Honoré, rues d'Antin, Neuve-St-Augustin, Louis-le-Grand, de la Chaussée-d'Antin, n° 61, *bout de ligne.*

CORRESPOND *avec les lignes 1, 3, 11, 18, 26 et 27 pour Bercy, le Marais-Rambuteau, Grenelle, les Invalides, faubourgs Poissonnière, St-Denis et St-Martin, le Jardin-des-Plantes, l'Ile St-Louis, les Gobelins, barrière Rochechouart, Portes St-Denis et St-Martin, boulevart du Temple, Croix-Rouge, barrière du Mont-Parnasse, la Madeleine et Monceaux.*

Service de Banlieue *annexé à cette ligne, à partir de la barrière de Charenton, pour Charenton, Gravelle, St-Maur, Alfort, Créteil et Boissy-St-Léger.*

DILIGENTES.

(*Feux orange et vert*).

18e ligne, 5 voitures.

Parcourant 3 kilom., des Batignolles-Monceaux, rue des Dames, à la rue St-Honoré, près St-Roch, et par la

Rue de Lévi dans Monceaux, barrière de Monceaux, rues du Rocher, de la Pépinière, n° 1 à 3, St-Lazare, n° 110 à 146, de l'Arcade, n° 55 à 13, Neuve-des-Mathurins; n° 41 à 59, de la Ferme, boulevart de la Madeleine, rues Duphot, St-Honoré, n° 380 à 334, au coin de la rue du 29 Juillet, *bout de ligne.*

CORRESPOND *avec les lignes 17 Diligentes,*

28 *Parisiennes, et 30 Constantines, pour Chaillot, faubourgs Montmartre, Poissonnière, St-Denis et St-Martin, le Palais-Bourbon, St-Sulpice, le Luxembourg et le Panthéon, le Palais-Royal, Marché-St-Jean, la Bastille et barrière de Charenton.*

Service de Banlieue *annexé à cette ligne pour Asnières, Argenteuil, Franconville, Sannois et Colombe.*

BÉARNAISES (*Feux verts*).

19e ligne, 6 voitures.

Parcourant 2 kilom., de la place de la Bourse à la place St-Sulpice, par les

Rues Vivienne, Neuve-des-Petits-Champs, n° 25 à 2, de la Banque, Croix-des-Petits-Champs, St-Honoré, n° 168 à 111, de l'Arbre-Sec, des Fossés-St-Germain, de la Monnaie, Pont-Neuf, rues Dauphine, de Bussy, de Seine, du Petit-Bourbon, place St-Sulpice, *bout de ligne.*

CORRESPOND *avec les lignes 20 et 29 pour la Bastille, par l'Ile St-Louis, le Gros-Caillou , le Panthéon et Vaugirard, et avec la ligne 17 Diligentes, pour le Marais et la barrière de Charenton.*

BÉARNAISES.

(*Feux vert et aurore*).

20e ligne, 10 voitures.

Parcourant 6 kilom., du Gros-Caillou, rue St-Dominique, à la Bastille, par St-Sulpice et l'Ile St-Louis, et par les

Rues St-Dominique, des Saints-Pères, de Grenelle, la Croix-Rouge, rue du Vieux-Colombier, place St-Sulpice, rues du Petit-Bourbon, du Petit-Lion, carrefour de l'Odéon, rues de l'Ecole-de-Médecine, des Mathurins-St-Jacques, des Noyers, St-Victor, n° 11 à 82, des Bernardins, quai et pont de la Tournelle, rue des Deux-Ponts, Ile-St-Louis, Pont-Marie, rues Nonaindières, Fourcy, Saint-Antoine, n° 82 à 223, place de la Bastille, *bout de ligne.*

CORRESPOND *avec les Dames-Réunies ligne 11, Béarnaises ligne 19, Gazelles ligne 21, Parisiennes lignes 28 et 29, pour Grenelle, Palais-Royal, faubourg Poissonnière, St-Denis et St-Martin, chemin de fer d'Orléans, Panthéon, Vaugirard et la Diligente ligne 17.*

CITADINES (*Feux violets*).

21e ligne, 7 voitures.

Parcourant 4 kilom., de Belleville, rue de Paris, n° 32, point de départ, à la Place Dauphine, par le

Faubourg-du-Temple, rues du Temple, Ste-

Avoye, Bar-du-Bec, des Coquilles, de la Tixé-
randrie, place de l'Hôtel-de-Ville, quais Pelletier et de Gèvres, Pont-au-Change, quai de
l'Horloge, rue du Harlay, place Dauphine, bureau de bout de ligne.

CORRESPOND avec les Favorites lignes
13, 14 et 15, à la place Dauphine, pour
les Gobelins, barrière d'Enfer, Vaugirard, barrière des Martyrs et les chemins de fer de Versailles rive droite,
St-Germain et Rouen.

CITADINES (Feux violets).

22e ligne, 7 voitures.

Parcourant 3 kilom. 3/5, de la place des
Petits-Pères, à Belleville, par les

Rue Vide-Goussel, place des Victoires, rues
des Fossés-Monmartre, Neuve-St-Eustache,
Bourbon-Villeneuve, boulevart St-Denis, rues
St-Martin, Neuve St-Martin, Notre-Dame-de-
Nazareth, du Temple, n° 125 à 439, du Fau-
bourg-du-Temple, barrière de Belleville (la
Courtille), bout de ligne.

CORRESPOND avec l'Omnibus ligne 3, à
la place des Petits-Pères pour les chemins de fer de St-Germain et Versailles
rive droite, et de l'autre côté pour le
Marais-Rambuteau et la Bastille.

BATIGNOLLAISES

(Feux rouges).

23e ligne, 7 voitures.

Parcourant 3 kilom., Batignolles-Monceaux, au cloître Saint-Honoré, près
le Louvre, par les

Grande-Rue aux Batignolles, barrière et rue
de Clichy, rues St-Lazare, n° 74 à 88, de la
Chaussée-d'Antin, Louis-le-Grand, n° 50 à 35,
du Port-Mahon, rue et Carrefour Gaillon, rues
Neuve-St-Roch, Saint-Honoré, n° 298 à 186,
place du Palais-Royal, au Cloître-Saint-Ho-
noré, bout de ligne.

CORRESPOND avec les Tricycles ligne 12,
Gazelles ligne 24, Hirondelles ligne 25,
Constantines ligne 36, pour les Champs-
Elysées, Chaillot, faubourg Saint-Ger-
main par les rues du Bac et de Sèvres,
barrière du Maine, au chemin de fer de
Versailles rive gauche, faubourg Saint-
Jacques et Poissonnière.

Service de Clichy, St-Ouen, Saint-Denis
et la nouvelle gare du chemin de fer.

GAZELLES (Feux rouges).

24e ligne, 8 voitures.

Parcourant 3 kilom. 1/4, de la Gare de
Bercy, rive gauche, à la rue des Pyra-

mides près les Tuileries, au chemin
de fer d'Orléans, touchant, par le

Quai d'Austerlitz, rue Neuve-de-la-Gare,
boulevart de l'Hôpital, Jardin-des-Plantes, les
quais jusqu'au Pont-Neuf, le Pont-Neuf, les
quais jusqu'au Carroussel, rue de Rivoli, place
et rue des Pyramides, bout de ligne.

CORRESPOND avec les lignes 10, 12, 20, 23
et 26, pour la Villette, Saint-Sulpice,
Porte-St-Denis, chemin de fer rive gauche, Batignolles, Porte-St-Martin, les
Gobelins et la Bastille.

Service de Banlieue par la correspondance des Batignollaises pour Clichy,
Saint-Ouen et Saint-Denis.

HIRONDELLES

(Feux oranges).

25e ligne, 12 voitures.

Parcourant 7 kilom. 1/2, de la barrière
Rochechouart à celle Saint-Jacques,
par le Palais-Royal et le Palais-de-
Justice, et par les

Rues Rochechouart, Cadet, du Faubourg-
Montmartre, boulevart Montmartre, rues Vivienne, Neuve-des-Petits-Champs, des Bons-
Enfants, Saint-Honoré, n° 492 à 11!, de l'Arbre-Sec, place et quai de l'École, quai de la
Mégisserie, Pont-au-Change, rue de la Barillerie, Pont et quai Saint-Michel, rues du Petit-Pont, Saint-Jacques, des Mathurins-St-Jacques, de la Sorbonne, de Cluny et des Cor-
diers, reprise des rues Saint-Jacques et du
Faubourg-St-Jacques, boulevart, bout de ligne.

CORRESPOND avec les lignes 12, 24 et 27,
pour le faubourg St-Germain et chemin
de fer rive gauche, les Batignolles,
Porte-St-Denis, boulevart du Temple,
la Croix-Rouge et Mont-Parnasse.

HIRONDELLES

(Feux oranges).

26e ligne, 10 voitures.

Parcourant 6 kilom. 3/5, de la place
Cadet, point de départ, au quartier
Mouffetard, par les portes St-Denis,
St-Martin, l'île St-Louis, et par les

Rues Bleue, du Faubourg-Poissonnière, des
Petites-Écuries, du Faubourg-St-Denis, boule-
vart St-Denis, porte et rue St-Martin, rues
Jean-Robert, des Gravilliers, du Temple, n° 30
à 1, Ste-Avoye, Ste-Croix-de-la-Bretonnerie,
de Bourtibourg, Marché-St-Jean, rues Renaud-
Lefèbvre, St-Antoine, n° 2 à 48, de Jouy, des
Nonaindières, Pont-Marie, rue des Deux-Ponts,
Île-St-Louis, Pont-de-la-Tournelle, rues des
Fossés-St-Bernard, St-Victor et Jardin-du-Roi,

rues Fer-à-Moulin, Mouffetard, n° 79 à 85, Pascal, n° 2, *bout de ligne*.

CORRESPOND *avec les lignes* 1, 8, 17, 20 *et* 24, *pour la Bastille, Bercy, barrière de Charenton, ligne* 20*, Bearnaises, pour l'Ecole-de-Medecine, le Gros-Caillou et le chemin de fer d'Orléans.*

PARISIENNES

(*Feux orange et rouge*).

27e ligne, 12 voitures.

Parcourant 6 kilom. 2/5, de la barrière Mont-Parnasse, près du chemin de fer, rive gauche, au boulevart du Temple, par le pont Neuf et les

Rues du Mont-Parnasse, Notre-Dame-des-Champs, du Regard, du Cherche-Midi, la Croix-Rouge, rues de Grenelle, des Sts-Pères, Taranne, St-Benoît, Jacob, n° 34 à 40, des Petits-Augustins, quai Malaquais et Conti, Pont-Neuf, quai de l'Ecole, rues de l'arbre-Sec, St-Honoré, n° 141 à 160, de Grenelle, Coquillière, n° 18 à 47, Croix-des-Petits-Champs, place des Victoires, rues des Fossés-Montmartre, Neuve-St-Eustache, Bourbon-Villeneuve, boulevarts St-Denis, St-Martin, du Temple, *bout de ligne.*

CORRESPOND *avec les lignes* 1, 17, 25, 28 *et* 29*, pour Vaugirard, le Pantheon, la place de la Concorde, la Chaussée-d'Antin, barrières St-Jacques, Rochechouart et Charenton.*

PARISIENNES

(*Feux orange et rouge*).

28e ligne, 11 voitures.

Parcourant 7 kilom., de l'Ecole Polytechnique à la rue Montholon, passant par St-Sulpice, Chambre des Députés, place de la Concorde et place Vendôme, et par les

Rues St-Jacques, n° 168 à 204, St-Dominique-d'Enfer, d'Enfer, n° 45 à 1, place St-Michel, rues des Francs-Bourgeois, Monsieur-le-Prince, n° 35 à 59, Racine, place et rue de l'Odéon, rues des Quatre-Vents, du Petit-Bourbon, place St-Sulpice, rues des Canettes, du Four, n° 34 à 81, Croix-Rouge, rues de Grenelle-St-Germain, n° 1 à 111, de Bourgogne, pont et place de la Concorde, rues Royale, St-Honoré à la place Vendôme, place Vendôme, rue de la Paix, boulevart des Capucines, rues Chaussée-d'Antin, n° 2 à 34, de Provence, Richer, Tré-

vise, Bleue, Riboutè, Montholon, *bout de ligne.*

CORRESPOND *avec les lignes* 4, 18, 23, 27 *et* 29 *pour le faubourg du Roule, Monceaux, la Bourse, la Bastille, Vaugirard, barrière Mont-Parnasse et boulevart du Temple.*

PARISIENNES

(*Feux orange et rouge*).

29e ligne, 6 voitures.

Parcourant 3 kilom., de l'extrémité de Vaugirard, à St-Sulpice, par les

Grande-Rue dans Vaugirard, barrière de Vaugirard, rue de Vaugirard jusqu'à la rue Notre-Dame-des-Champs et à la rue du Regard. *Bureau rue de Vaugirard, de ce point aux* rues du Pot-de-Fer-St-Sulpice, du Pot-de-Fer, place St-Sulpice.

CORRESPOND *avec les lignes* 19, 20, 27 *et* 28 *pour la Bourse, la Bastille par l'île-St-Louis, Mont-Parnasse, chemin de la rive gauche, Pont-Neuf, place des Victoires, Portes St-Denis et St-Martin, boulevart du Temple, la Chambre des Députés, la Madeleine, la place Vendôme et la Chaussée-d'Antin.*

CONSTANTINES

(*Feux orange et vert*).

30e ligne, 10 voitures.

Parcourant 6 kilomètres 1/5, de la barrière de Longchamps (plaine de Passy) au faubourg St-Martin, passant devant l'embarcadère des chemins de fer de Versailles rive droite, St-Germain et Rouen, et par les

Rues de Longchamps, de Chaillot, avenue des Champs-Elysées, avenue et rue de Marigny, place Beauveau, rues du Faubourg-St-Honoré, de la Madeleine, Neuve-des-Mathurins, de l'Arcade, n° 13 à 33, St-Lazare, Coquenard, Montholon, Papillon, de Paradis-Poissonnière, rue et place de la Fidélité, église St-Laurent, faubourg St-Martin, *bout de ligne.*

CORRESPOND *avec les Dames-Réunies ligne* 10*, les Diligentes ligne* 18*, et les Batignollaises ligne* 23*, pour l'Arc-de-Triomphe, la Villette, la Porte St-Martin, Monceaux, St-Roch et le Palais-Royal.*

Services de Banlieue, *annexé à cette ligne pour Neuilly, Puteaux, Courbevoye et Passy.*

TARIF DES VOITURES

SOUS REMISE.	de 6 h. du matin à minuit.			—	min. à 6 h. mat.	
	course.	1re heure.	h. suiv.		course.	heure.
Carrosses.	2 00	2 75	2 00	—	5 00	4 00
Coupés	1 75	2 25	2 00	—	2 00	3 00
Cabriolets.	1 50	2 00	2 00	—	2 50	2 75

DE PLACE.

	course.	1re heure.	h. suiv.		course.	heure.
Fiacres	1 50	2 25	1 75	—	2 00	3 00
Coupés et petits fiacres . .	1 25	1 75	1 50	—	1 65	2 50
Cabriolets à 2 et 4 roues. .	1 00	1 50	1 25	—	1 65	2 50

En dedans du mur d'enceinte des fortifications : Pour ce service, les voitures ne pourront être prises qu'à l'heure; fiacres à deux chevaux, 2 fr. 50 c. : coupés et petits fiacres, 2 fr.; cabriolets, 1 fr. 75 c. Pour le service en dehors du mur d'enceinte des fortifications, les prix sont augmentés de 50 c. pour chaque voiture.

Tout cocher pris sur la voie publique comme sur une station, sera tenu de marcher à toute réquisition. A compter de minuit, les cochers ne seront pas tenus de sortir de Paris pour se rendre dans les localités situées au-dedans du mur d'enceinte des fortifications; et en dehors, après sept heures du soir en hiver et neuf heures en été. Pour l'un et l'autre cas, si, après ces heures, ils consentent à marcher, le prix du voyage sera réglé de gré à gré entre eux et le public. Pour le chemin de fer de Versailles (rive gauche), les prix sont les mêmes que pour l'intérieur de Paris. Les voitures marchant à l'heure doivent parcourir huit kilomètres à l'heure.

Lorsque le voyageur, arrivé à destination dans l'une de ces communes, renverra immédiatement la voiture, il payera au cocher pour son retour une somme égale à celle qu'il devra pour être mené de Paris au lieu où il se sera fait conduire.

CHEMINS DE FER.

PARIS A SAINT-GERMAIN.

Bureaux : à Paris, rue S.-Lazare, 120; à S.-Germain, au pont du Pecq.

Dans la semaine, les départs ont lieu toutes les heures de Paris et de Saint-Germain; les dimanches et fêtes, ils ont lieu toutes les demi-heures. Le service commence à 7 heures du matin et finit à 10 heures du soir. Les dimanches, jeudis et jours de fêtes, départs supplémentaires de Paris à 6 heures du matin.

La Compagnie se charge du transport des articles de petite et grande messagerie et des marchandises. Elle les fait prendre et remettre à domicile dans Paris ou dans Saint-Germain. On reçoit les bagages à toutes les gares et aux bureaux d'Omnibus des chemins de fer dans Paris.

Prix des places.

	Dans la semaine.			Dimanches et Fêtes.		
	Wag.	Dilig.	Coup.	Wag.	Dilig.	Coup.
Paris à S.-Germain ou retour.	1 25	1 50	2 »	1 50	1 75	2 »
— *à Chatou.*	» 85	1 »		1 15	1 40	
— *à Nanterre.*	» 60	» 80		» 85	1 »	
— *à Asnières*	» 35	» 45		» 45	» 70	
Chatou à Saint-Germain. . .	» 45	» 45		» 45	» 70	

A compter du 1er mai, il y a un service de bateaux à vapeur entre le Pecq et Maisons. Les bateaux à vapeur pour Rouen partent tous les jours à 7 heures du matin.

OMNIBUS SPÉCIAUX DU CHEMIN DE FER (25 c. la sem., et 30 c. le dim.) —Stations : Hôtel-de-Ville, rue du Pont-Louis-Philippe. — Pont-Neuf. — La Halle, rue Saint-Denis, 122 (cour Batave).—Carrousel, au coin de la rue de Chartres. — Cité d'Orléans, boulevard Saint-Denis. — La Bourse, Messageries Royales.

PARIS A ROUEN.—*Heures d'arrivée des convois aux stations.*

	Matin.			Soir.		
de PARIS à	7 h.	9 h.	11 h.	1 h.	3 h.	5 h.
Maisons.	7 32	9 54	»	1 28	3 34	5 34
Etoile de Conflans.	7 40	9 48	»	»	3 45	5 45
Poissy.	7 51	9 55	11 45	1 48	3 55	5 55
Triel. . . . '.	8 06	10 10	»	»	4 10	6 10
Meulan.	8 18	10 23	»	2 14	4 25	6 23
Epone.	8 33	10 39	»	»	4 39	6 39
Mantes.	8 48	10 55	12 57	2 43	4 55	6 55
Rosny.	9 05	11 13	»	»	5 13	7 31
Bonnières.	9 12	11 21	»	3 06	5 21	7 21
Vernon.	9 32	11 42	1 18	3 27	5 42	7 42
Gaillon.	9 57	12 08	»	3 55	6 08	8 08
Saint-Pierre (Louviers). . . .	10 21	12 35	2 06	»	6 33	8 33
Pont-de-l'Arche.	10 43	12 56	»	4 41	6 56	8 56
Tourville.	10 53	1 07	»	»	7 07	9 07
Rouen.	11 15	1 30	2 50	5 15	7 39	9 30
de ROUEN à	6 h.	8 h.¼	11 h.	1 h.	3 h.	6 h.
Tourville.	6 20	8 50	11 20	»	3 20	6 20
Pont-de-l'Arche.	6 31	9 04	»	1 28	3 24	6 30
Saint-Pierre (Louviers). . . .	6 55	9 25	11 53	»	3 56	6 52
Gaillon.	7 20	9 50	»	2 14	4 23	7 17
Vernon.	7 46	10 16	12 40	2 40	4 46	7 42
Bonnières.	8 08	10 58	»	3 01	5 »	8 02
Rosny.	8 17	10 47	»	»	5 17	8 11
Mantes.	8 33	11 05	1 21	3 24	5 33	8 26
Epone.	»	11 20	»	3 41	5 48	8 42
Meulan.	»	11 37	1 54	»	6 06	8 57
Triel.	»	11 47	»	4 06	6 19	9 09
Poissy.	9 26	12 05	2 17	4 23	6 38	9 24
Etoile de Conflans.	»	12 17	»	»	6 46	9 34
Maisons.	»	12 27	»	»	6 56	9 43
Paris.	10 15	1 »	3 06	5 12	7 50	10 15

NOTA. Les convois ne s'arrêtent pas aux stations où les heures ne sont pas indiquées. — Le convoi partant de Paris à 7 heures du matin et celui partant de Rouen à 6 heures du soir ne s'arrêtent que sur signal. — Les convois partant de Paris à 9 h. du matin et à 3 h. du soir, et ceux partant de Rouen à 8 h. 1/2 du matin et à 3 h. du soir, ont seuls des voitures de 3e classe.

	Paris.			Maisons.			Étoile de Conflans.		
	1re	2e	3e	1re	2e	3e	1re	2e	3e
Maisons	2 »	1 75	1 30						
Étoile de Conflans	2 50	2 »	1 35	» 75	» 60	» 45			
Poissy	3 »	2 25	1 80	1 25	1 »	» 75	» 75	» 60	» 45
Triel	4 »	3 »	2 50	2 25	1 75	1 50	1 60	1 30	1 »
Meulan	5 »	4 »	3 »	3 »	2 40	1 80	2 50	2 »	1 50
Épone	6 »	4 50	3 75	4 »	3 25	2 40	3 50	2 80	2 »
Mantes	7 »	5 50	4 25	5 »	4 »	3 «	4 50	3 50	2 50
Rosny	7 50	6 »	4 75	6 »	4 75	3 60	5 50	4 40	3 25
Bonnières	8 »	6 50	5 25	6 50	5 25	4 »	6 »	4 90	3 70
Vernon	9 50	8 »	6 »	8 »	6 25	4 80	7 50	6 »	4 50
Gaillon	11 »	9 50	7 25	9 80	7 80	5 80	9 25	7 25	5 50
St-Pierre (Louviers)	12 50	11 »	8 25	11 50	9 »	6 »	11 »	8 75	6 50
Pont-de-l'Arche	14 »	11 50	9 20	13 »	10 »	7 75	12 50	10 »	7 50
Tourville	15 »	12 50	9 50	13 75	11 »	8 »	13 25	10 50	8 »
Rouen	16 »	13 »	10 »	15 »	12 »	9 »	14 50	11 50	8 50

	Poissy.			Triel.			Meulan.		
	1re	2e	3e	1re	2e	3e	1re	2e	3e
Triel	1 »	» 80	» 60						
Meulan	1 75	1 50	1 »	» 90	» 70	» 50			
Épone	2 75	2 25	1 75	1 90	1 50	1 »	1 10	» 90	» 65
Mantes	3 75	3 »	2 25	2 80	2 20	1 70	2 »	1 60	1 20
Rosny	4 75	3 75	2 90	3 80	3 »	2 25	3 »	2 45	1 80
Bonnières	5 50	4 40	3 50	4 50	3 60	2 70	3 75	2 90	2 20
Vernon	7 »	5 50	4 »	5 90	4 60	3 50	5 »	4 »	3 »
Gaillon	8 60	7 »	5 »	7 50	6 »	4 50	6 75	5 40	4 »
St-Pierre (Louviers)	10 40	8 50	6 25	9 40	7 50	5 50	8 50	6 75	5 »
Pont-de-l'Arche	12 »	9 50	7 »	11 »	8 50	6 50	10 »	8 »	6 »
Tourville	12 60	10 »	7 50	11 50	9 25	6 90	10 80	8 50	6 50
Rouen	14 »	11 »	8 »	13 »	10 50	7 90	12 »	9 80	7 45

	Épone.			Mantes.			Rosny.		
	1re	2e	3e	1re	2e	3e	1re	2e	3e
Mantes	1 »	» 80	» 60						
Rosny	2 »	1 60	1 20	1 »	» 80	» 60			
Bonnières	2 50	2 »	1 50	1 60	1 50	1 »	» 75	» 60	» 45
Vernon	4 »	3 «	2 40	3 »	2 40	1 80	2 »	1 60	1 20
Gaillon	5 80	4 50	3 40	4 75	3 80	2 80	3 80	3 »	2 50
St-Pierre (Louviers)	7 50	5 80	4 40	6 50	5 25	3 90	5 50	4 40	3 50
Pont-de-l'Arche	9 »	7 »	5 50	8 »	6 40	4 80	7 »	5 50	4 »
Tourville	9 80	7 80	5 85	8 75	7 »	5 25	7 75	6 »	4 50
Rouen	11 »	9 »	6 80	10 »	8 »	6 »	9 »	7 25	5 50

	Bonnières.			Vernon.			Gaillon.		
	1re	2e	3e	1re	2e	3e	1re	2e	3e
Vernon	1 25	1 40	» 85						
Gaillon	3 20	2 50	1 90	1 75	1 40	1 »			
St-Pierre (Louviers)	4 80	3 80	2 80	3 40	2 75	2 »	1 75	1 40	1 »
Pont-de-l'Arche	6 50	5 25	3 90	5 »	4 »	3 »	5 25	2 50	2 »
Tourville	7 25	5 75	4 25	5 75	4 50	3 40	4 »	3 »	2 40
Rouen	8 50	7 »	5 25	6 25	5 5	4 25	5 50	4 40	3 25

	St-Pierre (Louviers).			Pont-de-l'Arche.			Tourville.		
	1re	2e	3e	1re	2e	3e	1re	2e	3e
Pont-de-l'Arche. . . .	1 50	1 25	1 »						
Tourville.	2 25	1 75	1 25	» 75	» 60	» 45			
Rouen.	3 75	3 »	2 25	2 30	1 75	1 30	1 50	1 20	» 90

PARIS A VERSAILLES (RIVE DROITE).

A Paris, rue Saint-Lazare, 120 ; à Versailles, rue du Plessis, boul. de la Reine.

Dans la semaine, les départs ont lieu d'heure en heure, les dimanches et fêtes, toutes les demi-heures, depuis 7 heures et demie du matin jusqu'à dix heures du soir.

Prix des places.	Dans la semaine.			Dimanches et Fêtes.		
	Wag.	Dilig.	Coup.	Wag.	Dilig.	Coup.
Paris à Versailles ou retour.	1 25	1 50	2 »	1 50	2 »	2 50
— *à Courbevoie et Puteaux.* .	» 40	» 60		» 60	» 75	
— *à Saint-Cloud et Suréne.* .	» 60	» 75		» 75	1 »	
— *à Sèvres, Chaville, Viroflay.*	» 75	1 »		1 »	1 25	
— *à Asnières*	» 35	» 45		» 45	» 70	
Versailles à Asnières.	1 »	1 25		1 25	1 50	
— *à Courbevoie, Puteaux et Suréne.*	» 90	1 25		1 »	1 50	

Les voitures spéciales sont les mêmes que pour le chemin de fer de Saint-Germain.

PARIS A VERSAILLES (RIVE GAUCHE).

A Paris, barrière du Maine ; à Versailles, avenue de la Mairie.

Les départs ont lieu d'heure en heure dans la semaine, et toutes les demi-heures les dimanches et fêtes, depuis 7 heures du matin jusqu'à dix heures du soir.

Prix des places.	Dans la semaine.			Dimanches et Fêtes.		
	Wag.	Dilig.	Coup.	Wag.	Dilig.	Coup.
Paris à Versailles ou retour.	1 25	1 50	2 »	1 50	2 »	2 50
— *à Clamart*	» 50	» 70		» 70	1 »	
— *à Meudon, Bellevue, Sè-vres, Chaville, Viroflay.*	» 75	1 »		1 »	1 25	
De Versailles à Bellevue, Meu-don, Clamart.	» 75	1 »		1 »	1 25	
— *à Viroflay, Chaville, Sèvres.*	» 50	» 70		» 70	1 »	

Le *Musée de Versailles* est ouvert les samedis, dimanches, lundis et mardis. On visite le *palais de Meudon, la manuf. de Sèvres et les deux Trianons* avec des billets déli·rés par M. l'Intendant de la Liste civile.

VOITURES SPÉCIALES (25 *c. la semaine, et* 30 *c. le dimanche*). — Carrousel, Hôtel de Nantes. — Bourse, rue Feydeau, 5. — Place S.-Sulpice, 12. — Place du Palais-de-Justice, 1. — Hôtel-de-Ville, rue François-Miron, 2. — Porte Saint-Martin, rue Saint-Martin, 236. — Ces voitures correspondent avec le départ et l'arrivée de tous les convois.

PARIS A ORLÉANS (*rue Neuve de la Gare, près le pont d'Austerlitz*).

STATIONS. — SECTION DE CORBEIL.

de PARIS à	de CORBEIL à
7 h. 35. Choisy, Villeneuve, Juvisy, Ris.	7 h. Ris, Juvisy, Villeneuve, Choisy.
9 h. 35. Choisy, Villeneuve, Athis, Juvisy, Evry.	9 h. Evry, Juvisy, Athis, Villeneuve, Choisy.
11 h. 35. Choisy, Ablon, Juvisy, Ris.	11 h. Ris, Juvisy, Ablon, Choisy.
1 h. 35. Choisy, Villeneuve, Juvisy, Châtillon, Ris.	1 h. Ris, Châtillon, Juvisy, Villeneuve, Choisy.
3 h. 35. Choisy, Villeneuve, Athis, Juvisy, Evry.	3 h. Evry, Juvisy, Athis, Villeneuve, Choisy.
5 h. 35. Choisy, Villeneuve, Juvisy, Ris.	5 h. Ris, Juvisy, Villeneuve, Choisy.
7 h. 35. Choisy, Villeneuve, Athis, Juvisy.	7 h. Juvisy, Athis, Villeneuve, Choisy.
9 h. 35. Choisy, Ablon, Juvisy, Ris, Evry.	9 h. Evry, Ris, Juvisy, Ablon, Choisy.

de PARIS à	1re	2e	3e	de PARIS à	1re	2e	3e
Choisy ou retour.	1 »	» 80	» 50	Juvisy ou retour.	1 95	1 50	1 »
Villeneuve ou retour.	1 45	1 10	» 75	Châtillon ou ret.	2 15	1 65	1 10
Ablon ou retour.	1 55	1 15	» 80	Ris ou retour. . .	2 50	1 85	1 25
Athis ou retour..	1 75	1 30	» 90	Evry ou retour. .	2 90	2 20	1 45
				Corbeil ou retour.	3 »	2 40	1 60

STATIONS. — SECTION D'ORLÉANS.

Départs de Paris, 7 heures du matin, midi, 5 heures du soir. — Départs d'Orléans, aux mêmes heures.

de PARIS à	1re	2e	3e	de PARIS à	1re	2e	3e
Juvisy.	1 95	1 50	1 »	Etampes.	5 80	4 35	2 90
Epinay.	2 50	1 85	1 25	Angerville. . . .	7 75	5 85	5 90
St-Michel.	3 »	2 25	1 50	Toury.	9 20	6 90	4 65
Brétigny.	3 20	2 40	1 60	Artenay.	10 55	7 95	5 30
Marolles.	3 80	2 90	1 95	Chevilly.	11 15	8 40	5 65
Lardy.	4 10	5 10	2 10	Orléans.	12 60	9 50	6 35
Etrechy.	5 »	3 80	2 55				

PLACES DE LUXE.

De Paris à Étampes, *et vice versâ*	10 fr.
D'Étampes à Orléans,	id.	10
De Paris à Orléans,	id.	18

Mairies, Justices de paix et Commissaires de police.

Ier *Arrondissement*, composé des quartiers du Roule, des Champs-Elysées, de la place Vendôme, des Tuileries. — Mairie et Justice de paix, rue d'Anjou Saint-Honoré, 9. Commissaires de police, rue du Doyenné, 6; rue de Ponthieu, 3; rue des Batailles, 5, à Chaillot; Grande-rue-Verte, 10; rue Godot-de-Mauroy, 16.

IIe arr. — Chaussée-d'Antin, Palais-Royal, Feydeau, faubourg Montmartre. — Mairie et Justice de paix, rue Grange-Batelière, 2. Commissaires de police, rue d'Argenteuil, 45; rue Grammont, 9; rue Papillon, 7; rue du Faubourg Montmartre, 67.

IIIe arr. — Faubourg Poissonnière, Montmartre, Saint-Eustache, Mail — Mairie, place des Petits-Pères. Justice de paix, rue Hauteville, 10. Commissaires de police, rue Saint-Pierre Montmartre, 13; cour des Petites-Ecuries, 7; r. Montmartre, 144; r. des Prouvaires, 36.

IVe arr. — Saint-Honoré, Louvre, Marchés, Banque de France. — Mairie et Justice de paix, place du Chevalier-du-Guet, 4. Commissaires de police, rue de Bétizy, 21; place du Louvre, 10, et Halle aux Draps; rue Neuve-des-Bons-Enfants, 2.

V^e arr. Faubourg Saint-Denis, porte Saint-Martin, Bonne-Nouvelle, Montorgueil. — Mairie et Justice de paix, rue de Bondy, 20. Commissaires de police, rue Beaurepaire, 3; rue de Cléry, 80; rue du Faubourg Saint-Martin, 151; rue des Marais, 36.

VIe arr. — Porte Saint-Denis, Saint-Martin-des-Champs, Lombards, Temple. — Mairie, rue Vendôme, 13. Justice de paix, rue Dupuis-Vendôme, 9. Commissaires de police, rue des Fossés-du-Temple, 20; rue Neuve-S.-Denis, 21; rue Neuve-S.Martin, 21; rue des Ecrivains, 22.

VIIe arr. — Ste-Avoye, Mont-de-Piété, Marché Saint-Jean, des Arcis. — Mairie, rue Sainte-Croix-de-la-Bretonnerie, 16; Justice de paix, rue du Roi-de-Sicile, 52. Commissaires de police, cloître S.-Merri, 6; rue de la Verrerie, 65; rue Sainte-Avoye, 38; rue Pavée, 24, Marais.

VIIIe arr. — Marais, Popincourt, faub. S.-Antoine, Quinze-Vingts. — Mairie et Justice de paix, place Royale, 14. — Commissaires de police, rue de Harlay, 4; rue Amelot, 50; rue Amelot, 8, rue Moreau, 8.

IXe arr. — Ile Saint-Louis, Hôtel-de-Ville, Cité, Arsenal. — Mairie, rue Geoffroy-Lasnier, 25. Justice de paix, rue Saint-Antoine, 88. Commissaires de police, quai de Béthune, 2; rue Saint-Landry, 3, et quai Napoléon, 23; rue de Jouy, 8; rue des Lions Saint-Paul, 8.

X^e arr. — La Monnaie, S.-Thomas-d'Aquin, Invalides, faub. Saint-Germain. — Mairie et Justice de paix, rue de Grenelle Saint-Germain, 7. Commissaires de police, Esplanade des Invalides, 10; rue Bellechasse, 8; rue des Petits-Augustins, 52.

XIe arr. — Luxembourg, Ecole-de-Médecine, Sorbonne, Palais-de-Justice. — Mairie et Justice de paix, rue Garancière, 10. Commissaires de police, cour de Harlay, 22; rue de l'Eperon, 10; rue Mézières, 5; rue de Sorbonne, 4.

XIIe arr. — Jardin-du-Roi, Observatoire, S.-Jacques et S.-Marcel.

—Mairie, rue Saint-Jacques, 262. Justice de paix, même rue, 161.
Commissaires de police, rue des Carmes, 7; rue de Pontoise, 12; rue
du Val-de-Grâce, 1; rue du Marché-aux-Chevaux, 16.

THÉATRES, CURIOSITÉS, BALS ET CONCERTS.

Opéra, rue Lepelletier, les lundis, mercredis et vendredis. — Théâtre-
Français, rue Richelieu. — Opéra-Comique, place Favart. — Théâtre-
Italien, salle Ventadour. — Second Théâtre-Français, place de l'Odéon.
— Vaudeville, place de la Bourse. — Gymnase, boulevard Bonne-Nou-
velle. — Variétés, boulevard Montmartre. — Théâtre du Palais-Royal,
au Palais-Royal. — Porte Saint-Martin, boulevard du même nom. —
Ambigu-Comique, boulevard Saint-Martin. — Gaîté, boulevard du
Temple.— Cirque-Olympique, boulevard du Temple et Champs-Elysées.
— Folies-Dramatiques, boulevard du Temple. — Funambules, même
boulevard. — Petit-Lazari, même boulevard. — Délassemens comiques,
même boulevard. — Théâtre du Luxembourg, rue de Madame. —
Théâtre du Panthéon, cloître Saint-Benoît. — Théâtre Saint-Antoine,
boulevard Beaumarchais. — Théâtre Saint-Marcel, rue Pascal, faubourg Saint-Marcel. — M. Comte, passage Choiseul. — Gymnase En-
fantin, passage de l'Opéra. — Ombres Chinoises, Palais-Royal.

Théâtres de la Banlieue. Mont-Parnasse, barrière du même nom.—
Théâtre d'Elèves, boulevard extérieur, entre la barrière des Martyrs et
celle de Rochechouart. — Théâtre de Belleville. — Théâtre des Thernes,
barrière du Roule. — Théâtre de Grenelle, entre Grenelle et Vaugirard.
— Théâtre des Batignolles, rue Lemercier. — Le Ranelagh, bois de
Boulogne, près la grille de Passy. — Théâtre de Saint-Denis, Grande-
Rue. — Théâtre de Saint-Cloud, avenue du Château.

Curiosités. Géorama, boulevard des Capucines. — Navalorama Ga-
main, au Mât pavoisé, à l'entrée des Champs-Elysées. — Panorama
Langlois, carré Marigny, Champs-Elysées. — Nouveau Diorama, rue
Neuve-Samson, 14. — Salon de Figures de cire, boulevard du Temple.

Jardins publics. Jardin dit les Montagnes de Belleville, boulevard
extérieur, près la barrière des Trois-Couronnes.—Jardin de la Chaumière ou des Montagnes Suisses, boulevard Mont-Parnasse. — Jardin
dit Wauxhall d'Eté, allée des Veuves, près le carré Marigny.

Bals et Concerts. La Redoute, rue de Grenelle-Saint-Honoré.—Le
Prado, place du Palais-de-Justice. — La Chaumière d'hiver, passage
du Saumon.— Idalie, passage de l'Opéra.—Les Mille Colonnes, boulevard Mont-Parnasse. — La Vestale et le Feu-Sacré, boulevard de
l'Hôpital. — Les salons de Flore et de Mars, aux Champs-Elysées. —
L'Ermitage, sous Montmartre. — L'Ile-d'Amour, à Belleville. —
Concert Musard, rue Neuve-Vivienne. — Concert situé dans le local de
Bazar Saint-Honoré. — Jardin Turc, boulevart du Temple, prome-
nade tous les jours.

PARIS. — IMPRIMERIE LE NORMANT, RUE DE SEINE, 8.

BATEAUX A VAPEUR. — QUAI DE L'HÔTEL-DE-VILLE.

Parisiens et Parisiennes : 1er départ à 7 heures du matin et le 2e à 10 heures pour Auxerre, passant par Choisy-le-Roi, Villeneuve-Saint-Georges, Ablon, Châtillon, Ris, Soisy-sous-Etioles, Corbeil, le Coudray, Seine-Port, Melun, La Cave, Hérícy, Fontainebleau, Thomery, Saint-Mamez, Montereau, Sens, Joigny, Auxerre. — Correspondance avec Nemours, Sens, Bray, Nogent, Provins et Montargis.

L'Aiole, pour Corbeil, correspond avec le chemin de fer.

ADMINISTRATION GÉNÉRALE DES POSTES.

Les bureaux sont ouverts de 9 à 4 heures. Départ des malles à 5 heures du soir.

HEURES DES LEVÉES DES BOITES.	HEURES DES DISTRIBUTIONS.
	SIX PAR JOUR.
1re { à 7 heures 1/2 aux boîtes. / à 8 heures aux bureaux.	
2e { à 10 heures aux boîtes. / à 10 heures 1/2 aux bureaux.	de 7 à 9 heures 1/2 du matin.
3e { à midi aux boîtes. / à midi 1/2 aux bureaux.	de 9 heures 1/2 à midi.
4e { à 2 heures aux boîtes. / à 2 heures 1/2 aux bureaux.	de midi à 2 heures du soir.
5e { à 3 heures aux boîtes. / à 3 heures 1/2 aux bureaux.	de 2 à 4 heures.
6e { à 4 heures 1/2 aux boîtes. / à 5 heures aux bureaux.	de 4 à 6 heures.
7e { à 8 heures du soir aux boîtes. / à 8 heures 1/2 aux bureaux.	de 6 à 8 heures.

Les Lettres pour Paris, extraites des boîtes aux heures indiquées en regard de la septième levée, sont distribuées le lendemain à 7 heures du matin, et les lettres pour la banlieue sont expédiées à la même heure.

BUREAUX D'ARRONDISSEMENS.

Bureau A, rue Saint-Honoré, 12. — B. boulevard Beaumarchais. — C. rue du Grand-Chantier, 5. — D. rue de l'Echiquier, 23. — E. rue de Sèze, 24. — F. rue de Beaune, 2. — G. rue Saint-André-des-Arts, 61. — H. rue des Fossés-Saint-Victor, 55. — I. rue Notre-Dame-des-Victoires. — Rue du Faubourg Saint-Antoine, 171.

Cinq bureaux sont en outre établis pour recevoir, jusqu'à 5 heures du soir, les lettres pour les départemens qui doivent partir à 6 heures à la grande poste, rue J.-J. Rousseau. — Au palais de la Bourse. — Au palais du Luxembourg. — Au palais Bourbon. — A la place du Palais-Royal.

INSTRUCTIONS RELATIVES AUX RUES DE PARIS.

La première colonne de chiffres indique l'arrondissement et la seconde les quartiers.

L'ordre de numérotage a été établi par l'administration municipale, en 1805, d'après les réglemens ci-après :

Dans toutes les rues parallèles à la Seine, l'ordre des numéros suit le cours de la rivière, les premiers numéros étant plus près du levant, et les plus forts s'avançant vers le couchant.

Dans les rues perpendiculaires à la Seine, la série des numéros commence du côté du fleuve ; les plus forts sont les plus éloignés ; les numéros pairs sont à droite en remontant la rue, et les numéros impairs sont à gauche : cette règle, qui est bien simple, est un moyen infaillible, pour les personnes qui ne connaissent pas bien Paris, de ne pas s'égarer dans ses nombreuses rues.

1er Arrondissement, quartiers : Roule, 1. — Champs-Elysées, 2. — Place Vendôme, 3. — Tuileries, 4.

2e Arrondissement, quartiers : Chaussée-d'Antin, 5. — Palais-Royal, 6. — Feydeau, 7. — Faubourg Montmartre, 8.

3e Arrondissement, quartiers : Faubourg Poissonnière, 9. — Montmartre, 10. — Saint-Eustache, 11. — Mail, 12.

4e Arrondissement, quartiers : Saint-Honoré, 13. — Louvre, 14. — Halle, 15. — Banque de France, 16.

5e Arrondissement, quartiers : Faubourg Saint-Denis, 17. — Porte Saint-Martin, 18. — Bonne-Nouvelle, 19. — Montorgueil, 20.

6e Arrondissement, quartiers : Porte Saint-Denis, 21 — Saint-Martin-des-Champs, 22. — Lombards, 23. — Temple, 24.

7e Arrondissement, quartiers : Sainte-Avoye, 25. — Mont-de-Piété, 26. — Marché-Saint-Jean, 27. — Arcis, 28.

8e Arrondissement, quartiers : Marais, 29. — Popincourt, 30. — Faubourg Saint-Antoine, 31. — Quinze-Vingts, 32.

9e Arrondissement, quartiers : Ile Saint-Louis, 33. — Hôtel-de-Ville, 34. — Cité, 35. — Arsenal, 36.

10e Arrondissement, quartiers : Monnaie, 37. — Saint-Thomas-d'Aquin, 38. — Invalides, 39. — Faubourg Saint-Germain, 40.

11e Arrondissement, quartiers : Luxembourg, 41. — École-de-Médecine, 42. — Sorbonne, 43. — Palais-de-Justice, 44.

12e Arrondissement, quartiers : Saint-Jacques, 45 — Saint-Marcel, 46. Jardin-du-Roi, 47. — Observatoire, 48.

PARIS. — IMPRIMERIE LE NORMANT, RUE DE SEINE, 8.

www.ingramcontent.com/pod-product-compliance
Lightning Source LLC
LaVergne TN
LVHW022019080426

835513LV00009B/788